Die besten
neuen
Notizen eines Vaters

Gottfried Hofmann-Wellenhof

Impressum

© 2017 Edition KLEINE ZEITUNG
   Anzeigen und Marketing Kleine Zeitung GmbH & Co KG
   A-8010 Graz, Gadollaplatz 1

Illustrationen: Walter Titz

Fotos Cover: Sabine Hofmann

Layout und Umschlag: Styria Media Design
GmbH & Co KG, Robert Szekely

Herstellung: Druck Styria GmbH & Co KG

ISBN 978-3-902819-81-9

INHALTSVERZEICHNIS

Vorwort

Seit März 1996 schreibe ich in der Kleinen Zeitung die Kolumne „Notizen eines Vaters". Im vorliegenden Buch finden sich die besten Geschichten der letzten fünf Jahre. Ich danke meiner großen Familie, die mir nach wie vor ausreichend Stoff bietet für meine kleinen Betrachtungen: meinen Kindern Sophie, Jakob, Anna, Klemens, Antonia, Nikolaus, Benedikt, Donatien, Dominik mit Nira, Daniel und Lucia und ganz besonders meiner Frau Astrid.

Gottfried Hofmann-Wellenhof

Ich bin der Alte

DIE ZWEI EISBÄREN

Je älter ich werde, desto stärker ähnle ich (zumindest äußerlich) meiner Mutter. Es ist schon ein paar Mal vorgekommen, dass ich mir beim Betrachten eines Fotos gedacht habe: Eigentlich sieht man meiner Mutter ihre bald 92 Jahre nicht an – und dann habe ich beim zweiten Hinschauen erst entdeckt: Meine Mutter bin ja ich!

Viele Aufnahmen zeigen mich wenig vorteilhaft, oft sehe ich erschreckend alt aus. Ich tröste mich dann immer damit, dass halt nicht jeder Mensch fotogen sein kann. Erst bei genauerem Begutachten des Konterfeis stelle ich fest: Das bin ja gar nicht ich, sondern das ist meine Mutter!!

Meine Kinder nennen uns, wegen unserer weißen Haare, „die Eisbären". Der Vergleich mit dieser gewaltigen, leider bedrohten Spezies (es gibt nur noch ein paar Tausend weltweit) ehrt mich. Sie sind meine Lieblingstiere, und wenn ich mit meinem Nachwuchs im Zoo war, stand ich stets am längsten vor ihrem Gehege, bis mich meine Kinder weiterzogen.

Unlängst flog ich mit meiner Mutter für eine Woche auf die griechische Insel Rhodos. Es war ein Erholungs- und Abenteuerurlaub in einem. Wenn wir, Hand in Hand, ins Meer wackelten (nur beim Gehen tut sich meine Mutter schwer, sonst ist sie in bewundernswerter Konstitution, im Wasser bewegt sie sich wirklich noch wie ein Eisbär), müssen wir für andere Badegäste Anlass zu seltsamen Spekulationen gewesen sein. (Im Lauf der vielen Jahre ist es zu einem Rollenwechsel gekommen. Als ich klein war, ging ich an der Mutterhand ins Wasser – heute ist es umgekehrt. Der Kreis des Lebens hat sich geschlossen.)

Jedenfalls fragten mich zwei deutsche Touristen unabhängig voneinander, ob sie meiner Frau Gemahlin (!) und mir behilflich sein könnten. Ich glaube, ich bin nicht übertrieben eitel, aber dass jemand die Vermutung anstellte, meine Mutter (91) und ich (65) könnten verheiratet sein, traf mich doch ein wenig.

Im Gegensatz zu mir und Astrid fanden meine Kinder die Bemerkung verdammt lustig. Sagten sie früher, wenn meine Mutter anrief: „Die Eisbärin ist dran", sagen sie jetzt: „Komm, Papa, deine Frau Gemahlin will dich sprechen."

Um ehrlich zu sein: „Eisbärin" fand ich witziger.

Der Himmel auf Erden

Auf dem Weg zum Grab meines Vaters fragt mich meine jüngste Tochter: „Papa, hast du eigentlich Angst vor dem Sterben?" – „Ja", sage ich. „Mein Leben ist so schön und erfüllt. Ich lebe in einem eigenartigen Zwiespalt: Einerseits kann ich mir gar nicht vorstellen, dass es einmal zu Ende ist. Andererseits denke ich öfter als früher über das Sterben nach. Zum Beispiel lese ich jeden Tag die Todesanzeigen in der Zeitung. Oft finde ich darunter die Namen von Bekannten, die jünger waren als ich. Vor ein paar Jahren habe ich nie auf das Geburtsdatum geachtet, habe die Parten überflogen."

„Machst du dir eigentlich Gedanken, was nach dem Tod sein wird? Ob dein Leben in anderer Weise weitergeht?" – „Ich bin überzeugt, dass es so ist. Aber ich versuche möglichst wenig daran zu denken."

„Kann man das?" – „Ich glaube schon. Je älter ich werde, desto bewusster wird mir, welches Geschenk es bedeutet, leben zu können. Die erste Strophe eines Gedichtes von Peter Rosegger geht so: ‚Gute Nacht, ihr Freunde, / Ach, wie leb' ich gern! / Dass die Welt so schön ist, / Dankt' ich Gott dem Herrn. / Dass die Welt so schön ist, / Tut mir bitter weh, / Wenn ich schlafen geh.' Deine Großmama, meine Mutter, die in wenigen Wochen ihren 92. Geburtstag feiern wird, zitiert diese Gedichtzeilen immer wieder. Auch ich nehme ganz alltägliche Dinge heute viel stärker wahr als damals, als ich jung war. Wenn ich im Sommer auf die immer gleiche Melodie des Meeres höre oder im Herbst die großartige

Farbenpracht eines Waldes sehe, dann frage ich mich: Kann es im Himmel schöner sein?"

„Für dich gibt es einen Himmel auf Erden?" –

„Ja. Ich bin jetzt 65 Jahre alt, habe also schon weit mehr als zwei Drittel meiner Lebenszeit hinter mir. Die Tage, die mir noch bleiben, will ich nicht vergeuden. Sie sind kostbar und unwiederbringlich. Ich lebe nicht mehr in der Zukunft so wie du, die so viele Pläne und fast das ganze Leben noch vor sich hat. Ich lebe im Hier und Jetzt."

„Für dich ist also am wichtigsten, was du gerade tust?" – „Richtig. Deshalb ist mir dieses Gespräch mit dir ein kleiner Schatz, den ich in mir aufbewahre. Für immer."

Warum denn ich, Elena?

Ich habe nur einen einzigen Neujahrsvorsatz: gewisse Orte im Haus, über deren Optik meine Frau leise, aber regelmäßig klagt, in einen (wenn auch großzügig interpretierten) Ordnungsrahmen zu bringen – also aufzuräumen.

Da ich Dank einiger lieber Gaben den Bücher-, Zeitschriften-, DVD-Berg auf meinem Nachtkastl wegen akuter Einsturzgefahr durch das Errichten eines gut kniehohen Zweitstapels neben dem Kleinmöbel ein wenig abtragen musste, habe ich vorerst einmal das oberste Buch zur Hand genommen und in meinem Großvaterlehnstuhl seiner Bestimmung zugeführt – einfacher ausgedrückt: gelesen.

Da ich freilich in dieser Stellung keinen allzu aktionistischen Eindruck erweckte, beschloss ich, wenigstens den Ordner mit den Spam-Mails auf meinem Laptop zu bearbeiten.

Ein gutes Dutzend junger, hübscher Frauen hatte sich auf der verzweifelten Suche nach einem liebevollen Partner teilweise mehrmals an mich gewendet mit der dringenden Bitte, ihre Post umgehend zu beantworten und ihnen zwecks Finanzierung der Anreise den einen oder anderen Geldbetrag zu überweisen.

Wie Penelope, Rochelle, Celia, Yolanda, Leigh, Susana, Vickie, Aurora, Shirley, Josie, Leanna, Raha Alimusa, Nata, Irysha oder Elena, die es gar 21 Mal probiert hat, gerade auf einen alternden Familienvater wie mich gekommen sein mochten, scheint mir doch ein wenig befremdlich. Ebenso wie die Tatsache, dass sich sieben verschiedene Pharma-Anbieter in geradezu rührender Weise der Frage annehmen – es folgt meine amateurhafte Übersetzung des englischen Originaltexts –, ob ich imstande sei, meine Frau (bzw. Elena und ihre rührigen Freundinnen) glücklich zu machen.

Zwischendurch bietet man mir auch einen unerhört preisreduzierten Bademantel einer Edelmarke an, den ich zwar nicht dringend benötige, für den ich aber immerhin eher Verwendung hätte als für „chice Damenmode in Übergröße".

Also, ein für alle Mal: Ich bin mit Astrid glücklich und werde es hoffentlich auch künftig bleiben. Ich bin bereits Besitzer zweier Bademäntel, und ich gedenke weiterhin Hosen in Größe 48 zu tragen und nicht Röcke in Größe 56.

Im Übrigen werde ich morgen wirklich den Bücherstapel angehen.

ICH BIN DER ALTE

Vor zwei Wochen feierte mein Enkel Daniel seinen ersten Geburtstag. Wenn ich ihn hochhebe oder mit ihm auf dem Boden krieche, spüre ich, dass ich schon einige Jahrzehnte auf dem Buckel habe.

Meine beiden jüngsten Söhne nennen mich manchmal „den Alten" – was mir gefällt, weil sie es, wie ich meine, in einem Tonfall sagen, in dem keine Verachtung mitschwingt, sondern Respekt. Wollte ich mich ihnen anbiedern und gefällig machen, indem ich ihre Sprache oder ihr „Outfit" kopiere, wäre das für sie nur „peinlich". Ich bin alt – und sie sind jung. So ist es nun einmal.

Richtig bewusst wurde mir das, als ich, es ist etliche Jahre her, einmal in eine neue Klasse kam und ein Schüler zu seinem Sitznachbarn fassungslos sagte: „Bist deppert, Oida, der is olt . . . "

Im Alter wird vieles schwieriger, oft sind es ganz banale Dinge wie das Anziehen der Schuhe: Mit den Jahren sind die Schuhlöffel immer länger geworden. Gibt es für Jugendliche etwas Uncooleres? Für meine Kinder sind Schuhlöffel jedenfalls eine völlig überflüssige Erfindung. Sie treten sich einfach lässig in ihre Turnschuhe oder Sneakers.

Es ist eigentlich verkehrt. Je älter man wird, desto mehr hat man – rein körperlich – zu leisten.

Manche Menschen glauben, sie könnten dem Alt-Werden entfliehen, indem sie ihre Haut glätten und die Muskeln stärken, um elastischer und frischer zu scheinen, als sie in Wirklichkeit sind. Sie sind einem Jugendwahn verfallen, der ihnen verbietet, in Würde alt zu werden. Aber auch wenn sie ihren Körper noch so trimmen: Der seelische Alterungsprozess lässt sich nicht aufhalten.

Das Älter-Werden verliert seinen Schrecken, wenn man es annimmt. Ich spüre meine Jahre, aber es geht mir gut.

Naturgemäß funktioniert vieles nicht mehr so wie früher. Die Augen werden schwächer, und die Ohren hören auch nicht mehr alles.

Vor mehr als zwei Jahren traf ich, krückenbewehrt, einen meiner Freunde, der sagte: „Oje, was is'n da passiert?" – Ich: „Hab eine neue Hüfte gekriegt. Aus Titan, stell dir vor." Er darauf interessiert: „Aus Titan? Und Holz?" – Ich: „Nein, net aus Holz!!" – Er: „Na, ich hab g' meint, ob's holt, ob's haltet! Ob es hält?"

ABENTEUER HALTEN JUNG

Anlässlich meiner Pensionierung habe ich meinen Kindern versprochen, mit jedem allein eine Reise zu machen. Vier, fünf Tage, irgendwo in Europa. Mit Benedikt war ich letztes Jahr in Istanbul, mit Nikolaus in Padua. Heuer war Dominik an der Reihe. Er wählte Island.

Mit ihm hatte ich, als er noch ein Kind war, fünf wunderschöne Radtouren gemacht, jeweils eine knappe Woche lang. Damals lag alles in meiner Verantwortung: welche Route wir wählen, wo wir unser Zelt aufschlagen, wann wir eine Pause machen. Er vertraute mir blind, strampelte ohne zu murren auf seinem blauen Kinderrad hinter mir her. Das ist 25 Jahre her, und ich hatte nicht damit gerechnet, dass wir einander noch einmal so nahe sein würden wie damals.

„Es wird ein Abenteuer." Mehr wusste ich nicht. Die gesamte Planung oblag meinem Sohn. Als Mietwagen hatte er einen gewählt, auf dessen Dach sich innerhalb von Sekunden ein Zelt aufklappte. Wir übernachteten, wo es uns gerade gefiel – wie ehedem. Die Bratwurst hielten wir nicht wie früher ins offene Feuer, sie brutzelte in einer Pfanne über einem kleinen Gaskocher. Und für den kaputten Vorderreifen war diesmal nicht ich zuständig, sondern Dominik.

Oft redeten wir über Fußball, aber natürlich auch vom Wichtigsten, das ein Mann in seinem Leben erreichen kann: ein guter Vater zu werden. Dominik, mit 33 am Beginn seiner Vaterschaft, ist für seine beiden Kleinen ein Held, der alles kann. Ich, mit 66, habe wohl eine andere Rolle. Ich bin kein Held mehr und kein Erzieher und kein Beschützer. Aber ich kann meinen Kindern die Sicherheit geben, dass ich immer für sie da bin.

Nie habe ich in den letzten Jahren ein solches Gefühl von Freiheit und Abenteuer erfahren wie in den langen Tagen in Island – wenn wir auf einsamen Geröllpisten im Hochland im Schritttempo unterwegs waren oder vor einer Furt standen und Dominik Steine ins Wasser warf, um herauszufinden, wo der Fluss am wenigsten tief war. Das Erreichen des anderen Ufers bedeutete stets Erleichterung, aber auch Stolz, es wieder geschafft zu haben.

Meine Bilanz einer unvergesslichen Reise: Man kann als alter Vater wieder jung sein, wenn man nur will.

Es gibt keine Brennnesseln mehr

Je länger ich Vater bin – ich bin es bald 32 Jahre, und das ist eine lange Zeit –, umso öfter muss ich darüber nachdenken, was ich getan und was ich unterlassen habe. Ein Wort, das ich aus Gedankenlosigkeit oder Unverständnis nicht gesagt habe, kann zur ungeheuren Last werden. Es sind die Versäumnisse, die bedrückend sind, denn ich kann nicht wieder gut machen, was ich einmal nicht getan habe: zum Beispiel auf Lob und Zuspruch vergessen in einer Situation, in der sie meine Kinder von mir erwartet hätten und ich hätte spüren müssen, wie wichtig sie in diesem Moment sind.

Die Zeit, als sie klein waren und ich jeden Abend im Bett gelegen bin und vorgelesen habe, bis ihnen (oder mir) die Augen zufielen, ist lange vorbei. Heute, wenn ich manchmal nicht einschlafen kann aus Sorge um ihre Zukunft, denke ich an früher, an unvergessliche Stunden und Tage, die ich mit ihnen geteilt habe und wie einen Schatz in mir aufbewahre.

Anlässlich des Vatertages fragte ich meine älteste Tochter, ob ihr irgendein Erlebnis einfiele, das sie in ihrer Erinnerung mit mir verbindet.

„Ja", sagte sie, ohne lange zu überlegen, „ich war vier Jahre alt und hab zum Geburtstag ein violettes Kinderrad bekommen, ohne Stützräder. Natürlich hab ich es gleich nach der Feier ausprobiert.

Ich bin in der Sackgasse vor unserem Haus die ersten Meter gefahren. Schwankend, aber in einem unbeschreiblichen Glücksgefühl. Plötzlich bin ich vom Weg abgekommen und in einen großen Brennnesselstrauch gefallen. Weinend bin ich dann zu dir gelaufen und hab dir von meinem Missgeschick erzählt. Du hast mich ganz fest umarmt, die Gartenhandschuhe angezogen und jede Brennnesselstaude einzeln ausgerissen und auf einen Haufen geworfen. Zuletzt bist du auf den Stauden herumgetrampelt und hast gerufen: ‚Jetzt sind sie alle tot und können meiner Tony nicht mehr weh tun.' Du warst ein Held für mich, und ich hab gedacht, es wird immer alles gut.“

Aus meiner kleinen Tochter ist eine junge Frau geworden, die demnächst ihr zweites Studium abschließen wird. In der kleinen Gasse wachsen schon lange keine Brennnesselstauden – und ein Held bin ich wohl auch nicht mehr.

WIE GEHT SCHNELL DIE NUMMER?

Meine Kreditkarte verwende ich täglich zum Einkaufen. Insgesamt habe ich sicherlich schon mehr als 1000 Mal die Zahlen meines Pin-Codes gedrückt.

Vor ein paar Tagen wollte ich 100 € beheben. Ich gab meinen Code ein, die Zahlen stimmten nicht.

Auch mein zweiter Versuch schlug fehl. Ich war nun so verunsichert, dass ich nicht mehr wusste, ob es eine drei- oder vierstellige Zahl ist. Ich fragte eine Bankangestellte, die mir freundlich Auskunft gab und gleichzeitig darauf aufmerksam machte, dass bei einem vierten Fehlversuch die Karte einbehalten würde.

Auf dem Heimweg fiel mir die Nummer wieder ein: 7941. Um ganz sicher zu gehen, suchte ich in meiner Schreibtischlade nach dem Zettel mit dem Code. Zu meiner Überraschung fand ich ihn sehr schnell, allerdings mit anderen Zahlen: 8357. Ich war überzeugt, dies sei der Pin-Code meiner alten Kreditkarte, die ich vor drei Jahren verloren hatte. Den ganzen restlichen Tag dachte ich an nichts anderes als an Ziffern.

Am nächsten Tag fuhr ich frühmorgens zu einem Bankomaten. Ich war jetzt überzeugt: Es konnte nur 7947 sein. Ganz ruhig und konzentriert drückte ich die Tasten – wieder falsch!!

Ziemlich verzweifelt fuhr ich nach Hause. Alzheimer, habe ich gelesen, könne auch schon mit 50 Jahren ausbrechen. Und ich werde in wenigen Wochen 64!

Mir fiel ein, wie ich einmal vor einer Schülerin, die ich sieben Jahre unterrichtet hatte, stand und ich nicht mehr wusste, wie sie hieß. (Andrea, deinen Namen vergesse ich nie mehr!)

Beim Mittagessen erzählte ich von meinem Missgeschick mit meinem Pin-Code, worauf mein jüngster Sohn lässig sein Handy zückte. „Du hast mich ja vor ein paar Tagen einkaufen geschickt, ich hab deine Bankomatnummer eingespeichert: 8357. Freust du dich gar nicht?", fragte er. „Doch", stammelte ich verwirrt, denn ich musste an den Zettel in meiner Schreibtischlade denken.

Seit diesem Missgeschick überprüfe ich mein Gedächtnis, indem ich die Geburtstage meiner Kinder, von der Jüngsten bis zum Ältesten, aneinanderreihe: 290510021304250225050505231221050710. Solange ich mir diese Zahlenkombination merke, hoffe ich, dass ich mir keine Sorgen machen muss.

Tsssssssssss! Tssssss!

Für meine Kinder ist es unvorstellbar, wie ich ohne Handy 50 Jahre alt werden konnte. Geradezu fassungslos sind sie, wenn ich ihnen sage, dass ich ohne mobiles Telefon richtig glücklich war. Wie schön war es, nicht ständig erreichbar zu sein! Nie musste ich mich rechtfertigen, warum ich nicht zurückgerufen hätte. Und niemals musste ich es suchen.

Seit ich ein Handy besitze, ist alles anders. Allein wie viele Stunden meines Lebens ich damit vergeudet habe, es wiederzufinden. Meistens steckt es in irgendeiner Manteltasche oder liegt auf dem Gewürzbord und bimmelt vor sich hin. Oft suche ich es tagelang. Das letzte fand ich erst, nachdem mir Astrid ein neues gekauft hatte. Mit diesem kann man angeblich alles machen. Nur ich kann nichts. Nicht einmal telefonieren.

Es klingelt – am Ton erkenne ich, dass es meine Frau ist. Ich wische mit dem Zeigefinger von links nach rechts, doch es hört nicht auf.

„Mein Handy geht schon wieder nicht", sage ich zu Sophie, die – ohne hinzuschauen – drüberstreichelt. Es verstummt. „Papa, es funktioniert bestens. Stell dich bitte nicht so an."

Am liebsten würde ich mein Handy abschalten (für immer?), aber ich weiß nicht, wie das geht. Vor ein paar Tagen bin ich wieder einmal ins Konzert gegangen. Plötzlich klingelt es in meinem Sakko. Dutzende Augenpaare sind drohend auf mich gerichtet, eine Klangwolke schneidender Zischlaute ballt sich vor, neben, hinter und über mir zusammen: „Tssssssssssss!! Tsssss!"

Viele schütteln die Köpfe, manche sind rot vor Zorn. Während die Dame neben mir sich demonstrativ die Ohren zuhält und der Herr vor mir mich streng anblickt, hantiere ich verzweifelt mit der Tastatur. Ich wische wie von Sinnen, aber ich kann das Handy nicht ausschalten.

Schließlich ergreife ich die Flucht, stolpere über viele Beine, ziehe mir den Unmut zahlreicher Konzertbesucher zu, taumle wie in Trance hinaus, ins Freie. Es waren die längsten und schrecklichsten Meter meines Lebens.

Zu Hause begrüßt mich meine Tochter etwas vorwurfsvoll: „Ich hab dich angerufen – warum hast du nicht abgehoben? Ich wollt' dir nur sagen, dass ich auf die Englisch-Schularbeit einen Einser hab."

GESCHENKE DES ALLTAGS

Nicht immer ist Kinder zu haben eine Erfolgsgeschichte. Manchmal kann es ziemlich anstrengend sein. Die Kränkungen: Der Grad, wann Gedankenlosigkeit endet und Lieblosigkeit beginnt, ist sehr schmal. Die Verantwortung: die ständige Angst, es könnte etwas passieren – im Auto, im Flugzeug, im Dunkeln auf dem Heimweg. Die Ungewissheit: Wie wird die Welt in 50 Jahren aussehen? Was wird aus den Kindern werden?

Aber dann gibt es Augenblicke, ein plötzliches Geschenk des Alltags, mit dem wir Eltern nicht gerechnet haben, und alles ist wieder gut.

Unsere Jüngste war für zwei Wochen mit der Schule in den USA. Ihre erste WhatsApp-Nachricht sorgt für große Erleichterung bei Astrid und mir: „Meine Gasteltern sind so wahnsinnig lieb und sie haben einen soooo süßen Hund, der in der Nacht bei mir im Bett schläft. Ich fühl mich unglaublich wohl hier. Danke, dass ihr mir diese Reise ermöglicht!"

Ein paar Tage später ein kurzes Video. Sophie im Kreise ihrer Freundinnen. Endlich einmal keine Aufgaben, Schularbeiten, Tests, Referate. Die Mädchen sind ausgelassen, unbeschwert, glücklich. Plötzlich ist mir meine kleinste Tochter so nahe, obwohl sie ganz weit weg ist.

Am nächsten Tag ein SMS unserer Ältesten: „Ich will dir nur wieder einmal sagen, dass ich unglaublich froh bin, deine Tochter zu sein. Ich glaub', was Besseres als meine Kindheit kann mir nicht passieren." Eine solche Nachricht zerstreut für einige Zeit alle Bedenken, ob man in der Erziehung wohl nicht zu vieles falsch gemacht hat.

Letzten Sonntag: Ich beobachte meinen Ältesten, wie er seinen vier Wochen alten Sohn, meinen ersten Enkel, in den Schlaf wiegt. Wie zärtlich und zugleich sicher er ihn hält, wie stolz und fürsorglich er ihn ansieht, während er ein kurzes Lied summt: „Ob du groß bist oder klein, ob du dünn bist oder dick, ob du schwarz bist oder weiß, ob sportlich oder schick – es ist ganz egal, was du hast, wer du bist: Hauptsache, du weißt, dass du einzigartig bist."

Mag sein, dass diese Kolumne zu sehr das Klischee einer heilen Welt bemüht. Aber hin und wieder, glaube ich, darf man als Vater auch schreiben, dass es sehr beglückend ist, Kinder zu haben.

WIR WERDEN WIEDER BEISAMMEN SEIN

Unmittelbar nach der Geburt unseres ersten Kindes kaufte ich eine Filmkamera. Sie war groß wie ein Ziegelstein, zitronengelb und spritzwassergeschützt. Anfangs hatte ich viel Freude mit ihr und dokumentierte Dominiks erste Schritte nahezu lückenlos. Überallhin nahm ich sie mit: auf den Spielplatz, ins Schwimmbad, an den Strand. Die Motive wiederholten sich: Dominik geht zur Hutsche, Dominik besteigt die Hutsche, Dominik hutscht, Dominik verlässt die Hutsche.

Irgendwann wurden die Aktivitäten unserer Kinder meinen cineastischen Ansprüchen nicht mehr gerecht und ich filmte Menschen, die zufällig vor meinem Objektiv auftauchten. Ich erinnere mich an einen Museumswärter, den ich minutenlang in seinem nahezu unbeweglichen Sein einfing.

Da Astrid wenig Verständnis für meine Phase des „film experimental" zeigte, legte ich die Kamera in eine riesige Schachtel zu Dutzenden unbeschrifteten Videokassetten, die den wichtigsten Abschnitt meines Lebens dokumentierten: die frühen Jahre meiner Kinder.

Vor zwei Jahren, zu meinem 60. Geburtstag, überspielten meine großen Söhne in tage- und nächtelangen Sitzungen das Film-Material auf DVD-Format und schenkten mir eine Box mit 25 Kassetten – mit der Aufschrift: „Unsere Jahre von 1983 – 1999".

Als ich dann auf dem Fernsehschirm erstmals wieder sah, wie Dominik eine Sandburg baut, ein kleiner Bub, unbeschwert und fröhlich, war ich glücklich und traurig zugleich. Glücklich darüber, dass auf Knopfdruck die hellen Sommertage vor 25 Jahren wieder da waren, traurig darüber, dass diese Zeit unwiederbringlich vorüber ist.

Wenn ich mir Fotos von meinen älteren Söhnen ansehe, als sie noch Babys waren, und sie nun vor mir stehen, junge Männer, die nicht mehr zu Hause wohnen und ihr eigenes Leben führen, dann habe ich das Gefühl, dass mir etwas verloren gegangen ist. Wir haben eine gemeinsame Geschichte, sie sind mir immer noch nah, aber zugleich schon fern.

Vielleicht erlebe ich das Großwerden meiner Kinder auch deshalb so schmerzlich, weil ich fühle, dass ich plötzlich alt geworden bin. Den 40. Geburtstag habe ich nicht recht ernst genommen, mit 50 noch im Garten mit ihnen Fußball gespielt, das eine oder andere Tor geschossen. Aber mit den Jahren traf ich immer seltener, und mit 60 habe ich meine Karriere als Garten-Kicker endgültig beendet: zu alt, vorbei.

Immer im Mai, wenn ich wieder ein Jahr älter geworden bin, werde ich nachdenklich: Wo ist die fröhliche Unbefangenheit vergangener Tage? Das Gedicht „Die Schritte" von Albrecht Goes erzählt, finde ich, sehr schön vom Vergehen der Zeit:

> *Klein ist, mein Kind, dein erster Schritt,*
> *klein wird dein letzter sein,*
> *den ersten gehen Vater und Mutter mit,*
> *den letzten gehst du allein.//*
> *Sei's um ein Jahr, dann gehst du, Kind*
> *viel Schritte unbewacht,*
> *wer weiß, was dann für Schritte sind*
> *im Licht und in der Nacht?//*
> *Geh kühnen Schritt, tu tapf'ren Tritt,*
> *groß ist die Welt und dein.*
> *Wir werden, mein Kind,*
> *nach dem letzten Schritt*
> *wieder beisammen sein.*

DER RUF DES KUCKUCKS

Astrid liebt Kamele und Uhren. Die genügsamen Wüstentiere (in allen Größen und Materialien) haben in den letzten Jahren den gesamten Dachboden erobert – ich glaube, es sind mehr als 400. Auch die

Uhrensammlung meiner Frau ist beachtlich. Allerdings konnte sie ihre Begeisterung für Chronometer nicht an unsere Kinder weitergeben. Alle besitzen zwar von ihrer Mutter liebevoll ausgesuchte Armbanduhren, aber keiner trägt sie. Wenn sie wissen wollen, wie spät es ist, schauen sie auf ihr Handy.

Seit ich vor wenigen Wochen in Innsbruck eine Kuckucksuhr gekauft und meine Frau damit überrascht habe, gibt es kein Zimmer in unserem Haus, in dem nicht wenigstens eine Uhr an der Wand hängt.

Der Vogel erwies sich als ziemlich rebellisch und wollte die Zeitumstellung nicht zur Kenntnis nehmen. Sooft Astrid die Zeiger verstellte, kam er zur vollen Stunde immer ein Mal zu viel aus seinem Haus – als gäbe es keinen Winter. Erst nach fachgerechter Behandlung in einer alteingesessenen Fachwerkstätte verhält sich unser Kuckuck jetzt korrekt.

Mich hat sein Abweichen von der richtigen Stunde nicht gestört, weil sein vertrauter Ruf mit seinem leisen Echo längst vergangene helle Kindertage mit meinem Vater zurückholte, den ich hier zu Wort kommen lassen will:

„Da droben irgendwo im Blühenden und Grünen erhob ein Kuckuck seine Stimme. Mein erster Kuckucksruf dieses Jahr! Da muss man doch einfach stehen bleiben. Die mir noch zugemessenen Lebensjahre wollte ich schon mitzählen. Freilich

beeinträchtigte die Zahl der Rufe bald die Glaub-
würdigkeit des Orakels. Schließlich hörte der Kuckuck doch gerade in den Grenzen des Nicht-Un-
möglichen auf, indem er mir noch 19 Lebensjahre,
in Summa also 96 zubilligte. Das erfüllte mich mit
heiterer Zuversicht, da ich ausgerechnet zu einer
Vortragsveranstaltung mit dem Thema ‚Gefährde-
tes Alter‘ ging.“ Mit 79, also weit von den vom Kuckuck verheißenen Jahren, starb mein Vater in den
ersten Maitagen 1988. Der Ruf des Kuckucks hält die
Erinnerung wach an jene unbeschwerten Jahre, die
ich wie einen Schatz in mir aufbewahrt habe. Und
an den ich nun stündlich gemahnt werde. Und den
mir niemand nehmen kann.

ALLES FÄNGT WIEDER AN

Ich kann es noch gar nicht richtig fassen: Dominik
hat seine Fußballkarriere beendet, 32-jährig! Immer hat es eine neue Saison gegeben, immer ein
nächstes Mal, immer die Vorfreude, dass nach der
Sommerpause alles wieder von vorne beginnt.

Mehr als 25 Jahre sollen schon vergangen sein,
seit ich die Kästen im Keller zur Seite rückte, mit ro-
ter Kreide Tore auf die Wand malte und sein erster
Trainer war? Einmal hatte ich einen Traum: Dominik stemmt im Dress des SK Sturm den Meisterteller

in die Höhe und sagt: „Diesen Titel widme ich meinem Vater, der mit mir jeden Tag geübt hat." Leider gewann er nur einen Titel, damals war er 14.

Dennoch verdanke ich ihm unvergessliche Momente wie jenen, als er im Dress des GAK (der U 18) gegen Salzburg auf der rechten Seite auf und davon geht und den Ball aus vollem Lauf in den Strafraum zirkelt – eine solche Flanke ist ihm später nicht mehr gelungen – und Benedikt, sein Bruder, braucht nur noch die Kugel ins Netz zu nicken.

Am liebsten wäre ich aufs Spielfeld gestürmt, um mit ihnen diesen einen Augenblick zu genießen und die Angst vor dem Versagen zu vergessen, die mich in jedem Spiel meiner Söhne begleitet.

Es gab auch bittere Stunden – der Fußball als Parabel des Lebens. Letztes Spiel im Herbst 2009, am nächsten Tag will Dominik seine Hochzeitsreise antreten, für die er lange gespart hat. Nach einem Ellbogencheck seines Gegenspielers bleibt er benommen liegen. Im Krankenhaus die für ihn bittere Diagnose: Jochbeinbruch – er darf nicht fliegen. Völlig gebrochen sitzt er neben mir, der ihm nicht helfen kann. Nie wieder war mir mein ältester Sohn so nahe wie in diesen Minuten des Leids.

Dominik wird also seine Karriere als Spieler beenden, aber ein Botschafter des Fußballs bleiben. An den Spieltagen unserer Nationalmannschaft streift er den Teamdress über und geht so in die

Klasse. Nach dem Unterricht fährt er schnell nach Hause, wo ihn sein Sohn, den Ball unterm Arm, schon sehnsüchtig erwartet. Gott sei Dank hat Daniel (2) Dominiks Leidenschaft für den Fußball geerbt. Bald können wir ihn bei einem Verein anmelden. Dann fängt für mich noch einmal alles von vorne an.

Viele helle Tage

Während ich diese Zeilen schreibe, sind vom alten Jahr nur noch ein paar Stunden übrig. Das neue liegt wie ein riesiges Tischtuch vor mir, weiß und ohne Flecken, frisch und duftend. Wenn Sie diesen Text lesen, ist eine Woche vergangen und die gerade noch blütenweiße Decke zeigt schon erste Spuren: schmutzige, schmerzhafte, schöne.

Die alte Decke haben wir weggelegt, jeder in seine Kommode, als oberste zu den anderen, die, alt und ungebügelt, nie wieder gebraucht werden.

66 Tischtücher haben sich schon in meiner Kommode angesammelt, viele würde ich gerne noch einmal herausholen wie jenes, das ich vor 16 Jahren für immer weggepackt habe. Damals war mein jüngster Sohn vier, und er stellte mir eines Abends, knapp vor dem Einschlafen, die Frage: „Papa, was heißt eigentlich Lebenszeit?"

„Stell dir ein Haus vor mit 100 Zimmern", antwortete ich, „jedes Jahr gehst du in das nächsthöhere. Vergiss nicht: Du kannst niemals in ein Zimmer, in dem du bereits gewesen bist, wieder zurück, auch wenn du es noch so gerne wolltest. Und vergiss vor allem nicht: Du weißt nicht, welches dein letztes Zimmer sein wird. Es kann das dreißigste, aber auch das hundertste sein. Das ist nicht in deine Hand gegeben."

Lange Zeit schwieg mein Jüngster, dann sagte er: „Aber ich kann wenigstens bestimmen, wie es in meinem Zimmer ausschaut. Ob es aufgeräumt ist oder alles herumliegt. Welche Farbe meine Wände haben, und ob meine Fenster groß sind, damit die Sonne gut hineinscheinen kann." Sollte ich ihm erklären, dass es auch im hellsten Zimmer ganz dunkel sein kann?

Ich ließ ihm seinen festen Glauben und Optimismus, dass es vor allem auf ihn ankommt, wie er sich in seinem Zimmer fühlt. Heuer wird er sein 21. betreten. Ich wünsche ihm und uns allen, dass das neue Jahr so wird wie das alte. Es muss nichts Spektakuläres bringen, nichts Sensationelles. Nur viele helle Tage soll es haben und wenige dunkle, die müssen auch sein, aber sie dürfen nie so dunkel werden, dass man sie nicht erträgt. Und wenn ich das heurige Jahr zu Silvester zu den anderen in meine Kommode lege, soll es sich leicht anfühlen und erfüllt. Kann man sich Besseres wünschen?

„OPAPA, I MOG DI!"

BRIEF AN MEINE TOCHTER

Liebe Antonia, nun ist also eingetreten, was früher oder später unweigerlich kommen musste: Du hast den Großteil deiner Sachen zusammengepackt und dein Elternhaus verlassen. Ich bin sehr froh, dass du noch in derselben Stadt wohnst wie wir. Du bist nur ans andere Murufer gezogen, es liegen nicht viele Kilometer zwischen dir und uns – und doch bist du weit weg: Du hast nun den Schritt ins Neue, Offene gemacht. Als ich dir vor ein paar Jahren – eigentlich mehr im Scherz, bist du doch mein einziges Kind, das handwerkliches Geschick besitzt – diesen 200-teiligen gelben Werkzeugkoffer geschenkt habe, wollte ich noch nicht daran denken, dass du damit einmal deine ersten selbst gekauften Möbel zusammenschrauben würdest. Und doch arbeitest du seit einer Woche nicht mehr auf deinem kleinen blauen Kinderschreibtisch mit den Elefantenpickerln, sondern auf einem mit einer großen Arbeitsplatte, wie ihn eine angehende Juristin eben braucht.

Du fehlst uns hier natürlich. Als zärtliche, fröhliche, stets hilfsbereite Tochter sowie als liebevolle große Schwester, mit der man über alles reden und die kleinen Geheimnisse teilen konnte, die die Eltern (noch) nicht wissen sollten. Und als erklärtes Lieblingsfrauchen, für das es keine lästige Pflichterfüllung bedeutete, mit Happy spazieren zu gehen, sondern die immer neue, lange Wege mit unbekannten Gerüchen für sie suchte. Leben mit Kindern heißt, wie auf einem Schiff im immer schneller fließenden Strom der Zeit unterwegs zu sein. Nach Dominik, Doni, Benedikt und Nikolaus hast nun auch du unser Boot verlassen und den Sprung auf ein eigenes gewagt. Der Lauf des Flusses, liebe Tony, auf dem wir unterwegs sind, ist unbekannt. Manchmal treiben wir in ruhigem Wasser, manchmal geraten wir in eine gefährliche Strömung. Ich bin sicher, dass du alle schwierigen Stellen meistern wirst. Die entscheidende Kraft für deine Lebensreise soll sich aus deinem Vertrauen speisen, dass es eine Tür gibt, die für dich immer offensteht.

Komm recht oft zurück in dein altes Zuhause, liebe Tony, erzähl uns von deinem neuen Leben – und dreh eine Nostalgierunde mit der Happy.

Brief an meinen Enkel

Lieber Daniel! Ich schreibe dir diesen Brief, obwohl du noch gar nicht lesen kannst. Aber wenn du größer bist, werde ich ihn dir zeigen. Ich habe ihn in eine Mappe mit deinem Namen gelegt und will darin alles sammeln, was mit dir zu tun hat. Denn es ist nun einmal so: An die unbeschwertesten und glücklichsten Stunden, die du als kleiner Prinz mit deinen Eltern geteilt hast, wirst du später leider keine Erinnerung mehr haben. Wie oft hast du vor Freude gejauchzt, wenn dich dein Vater in die Luft geworfen und wieder aufgefangen hat! Nur so viel ist gewiss: Nie wieder wird dein Leben so leicht und frei von Angst und Versagen sein wie in jenen zehn Monaten, die hinter dir liegen.

Im abgelaufenen Jahr hat sich in unserer Familie viel getan. Jakob, dein jüngster Onkel, hat maturiert, und deine Tante Anna ist von ihrem Au pair-Jahr in Rom wieder daheim. Und dein Onkel Donatien hat neben seinem Beruf mit dem Abendkolleg für Automatisierungstechnik auf der Bulme begonnen.

Aber das wichtigste Ereignis 2014 war deine Geburt im Februar. Du bist noch nicht einmal ein Jahr alt, aber hast dennoch schon so viel erlebt. Mit dem Flugzeug bist du geflogen, weil du auf Besuch bei deinen Großeltern und deinen Tanten in Spanien warst. Du hast das Meer gesehen und den Wind gespürt und das Rauschen der Wellen gehört.

Vor wenigen Tagen bist du vor deinem ersten Christbaum gestanden, schwankend und staunend; alle Augen waren auf dich gerichtet, wie du auf die Funken der Wunderkerze starrtest, auf dem starken Arm deines Vaters, der dich zu ihnen hinaufhob.

Noch hast du nichts von den Schrecknissen dieser Welt erfahren, von Krieg und Elend, von Währungskrisen und Naturkatastrophen. Nur Liebe, Fürsorge, Freude und grenzenloses Vertrauen, dass alles gut ist und bleibt.

In ein paar Wochen wirst du, lieber Daniel, zum ersten Mal ein paar Schritte tun, ganz allein, ohne hilfreiche Elternhand, und fortan so die Welt erkunden, von der niemand sagen kann, wie sie im neuen Jahr aussehen wird.

Dass du sie lustvoll und voller Tatendrang erobern mögest und dass deine Tage weiterhin so hell und schön und unbeschwert sein mögen, wünscht dir dein Opapa.

DANIEL SCHWEIGT

Vor der Geburt unseres ersten Babys las Astrid viele Bücher, die sich unter anderem mit frühkindlicher Sprachentwicklung befassten. Man solle, so hieß es sinngemäß, mit Kleinkindern reden wie mit Erwachsenen.

Das führte hin und wieder zu kleinen Missverständnissen. So sagte ich einmal zu unserer jüngsten Tochter: „Schau, Sophie, was der Yorkshire-Terrier für eine originelle Rute hat!" – Sophie: „Aber das Hundi hat doch ein Schwanzi. Der Krampus hat eine Rute." – Ich: „Ja, das ist richtig." – Sophie: „Und hat der Krampus auch ein Schwanzi?"

Meine Frau hat viele Jahre lang die originellsten Sätze unserer Kinder gesammelt. Dominik hatte, wie mir scheint, schon mit vier Jahren einen erstaunlich elaborierten Wortschatz. So philosophierte er an einem schönen, warmen Frühlingstag: „Die Sonne würde sicher gerne herunterkommen und mit uns mit dem schmutzigen Adidas-Ball spielen, aber sie muss immer am Himmel stehen und scheinen."

Es ist erwiesen, dass Kinder, solange sie ganz klein sind, am leichtesten eine fremde Sprache erlernen. Deshalb gibt es viele Eltern, die ihre Kinder zweisprachig erziehen. Wie ein befreundetes Ehepaar, sie Österreicherin, er Brite. Als wir einmal gemeinsam in einem Café waren, saß ihr 3-jähriger Sohn in einem Kindersitz und unterhielt sich mit seiner Mutter in einwandfreiem Deutsch. Plötzlich war Musik zu hören. Liam hörte eine Zeitlang aufmerksam zu, bevor er sich in tadellosem Oxford-English an seinen Papa wandte: „Listen, dad, is this Rachmaninow?"

Dass Kinder dreisprachig aufwachsen, ist, glaube ich, eher selten. Ich kenne nur einen kleinen Buben. Es ist mein knapp 14 Monate alter Enkel. Seine Mutter Nira, sie stammt von den Kanarischen Inseln, spricht nur spanisch mit ihm, sein Vater Dominik, der drei Jahre in den USA verbracht hat, nur englisch, seine Urgroßeltern, Großeltern, Tanten und Onkel deutsch.

Kommt Daniel zu uns auf Besuch, sagt Nira, auf meine Frau zeigend: „Avuela", Dominik ergänzt: „This is grandma", Astrid zusammenfassend: „Ich bin deine Omama."

Ob das Experiment erfolgreich ist, lässt sich noch schwer abschätzen. Daniel reagiert auf altersgemäße Weise: Er schweigt.

Wwu-wwu und brumm-brumm

Mittwoch ist Danieltag. Das bedeutet, dass ich unseren Ältesten vor der Garage erwarte, wo er seinen Sohn nebst Kinderwagen, Dreirad und Nachmittagsbrei auslädt und ich die ganze Ladung mit immer noch geübten Handgriffen übernehme. Es hat sich bewährt, das Übergabesetting so zu gestalten, dass nicht der heißgeliebte Vater aus dem Gesichtskreis seines bereits zu heftigem Protestgeschrei ansetzenden Sohnes verschwindet, sondern Daniel und ich uns gleich zu einer Runde in der Nachbarschaft aufmachen.

Unser Enkel liebt Hunde. Besonders ihr Bellen fasziniert ihn. Am liebsten gehen wir zu einem Haus, dessen Garten von einem riesigen Schäfer bewacht wird, der nach Kräften anschlägt, sobald wir uns nähern. Der Schäfer bellt, Daniel lacht – das ist Kinderglück. Ich bleibe natürlich nur so lange stehen, wie ich es dem braven Wächter zumuten kann, ohne ihn in seinem Selbstwertgefühl zu kränken, das ja darunter leiden könnte, in Ausübung seines Dienstes von einem Einjährigen ausgelacht zu werden.

„Wwu-wwu" ist das erste Wort, das Daniel einwandfrei verständlich artikuliert. In Kleinkindmanier generalisiert er freilich und dehnt diese lautmalerische Silbe auf alle Säugetiere aus, die ihm begegnen: Happy begrüßt er mit „wwu-wwu", unsere Katzen, die Zwergkaninchen, deren Gehege im Garten Sophie mit ihm nach der Jause besucht, ja sogar die Eisbärenmama aus der Duplo-Zoolandschaft, die Daniels Tante Anna vor vielen Jahren bekommen hat.

Wenn ich Daniels Plapperversuche höre, muss ich an den ersten Geburtstag meiner ältesten Tochter denken. Nach drei Buben fieberten Eltern, Großeltern und Urgroßeltern Antonias erstem Geburtstag entgegen. Nach all den Rollern, Traktoren und Tretautos („brumm-brumm") stand erstmals ein entzückender Puppenwagen auf dem Gabentisch. Sobald Tony die Kerze auf ihrer Torte ausgeblasen hatte, nahm sie behutsam die kleine Puppe aus dem Wagerl und legte sie meiner Frau in den Schoß, ergriff beherzt die Lenkstange und brauste mit fröhlichem „brumm-brumm" durch das Zimmer. Sehr zum Wohlgefallen ihrer großen Brüder, die diese Nutzungsweise des seltsamen Geschenks durchaus vernünftig fanden.

AUTO, BALL, MOTORRAD

In unserer Familie haben sich im Laufe der Jahre viele Spielsachen angesammelt. Puppen lagen neben Autos, Legosteine neben Diddl-Mäusen, Eisenbahnen neben Stofftieren. Für alle waren sie gleich zugänglich, und dennoch haben unsere Buben nie die Puppen in den Arm genommen und unsere Töchter nicht zu den Autos gegriffen.

Eines Tages begab sich freilich Seltsames. Die Söhne legten ihr Taschengeld zusammen: „Wir gehen eine Puppe kaufen." Kurzfristig brachte dieser Vorsatz mein Weltbild ins Wanken, dass Buben von Natur aus anders sind als Mädchen. Als Dominik, Benedikt und Nikolaus zurückkamen, hielt der Älteste eine Puppe in der Hand, die „Mama", „Papa" und „Ich habe Hunger" sagen konnte. Statt sie mit einem Fläschchen zu füttern und ihr einen neuen Strampler anzuziehen, gingen sie flugs daran, den technischen Mechanismus zu erforschen. Mit einem Schraubenzieher montierten sie die Beinchen ab, um einen Blick in den Bauchraum werfen zu können. Sobald ihre Neugierde befriedigt war, lag die namenlose amputierte Puppe achtlos neben dem Schraubenzieher. Sie wurde von Antonia adoptiert und liebevoll in ihre Puppenfamilie aufgenommen.

Mindestens einmal in der Woche kommt unser Enkel Daniel zu uns auf Besuch. Seine spanische Mutter spricht nur spanisch mit ihm, Dominik, der einige Jahre in den USA verbracht hat, nur englisch. Wir Großeltern sprechen mit ihm deutsch.

Daniels erstes Wort, das er einwandfrei artikulierte, war „nein", knapp gefolgt von „Auto", „Ball" und „Motat" (Motorrad). Warum ausgerechnet diese Begriffe seine Lieblingswörter sind, weiß ich nicht, er sagt sie nach wie vor bei jeder Gelegenheit mit Inbrunst.

Wenn er bei uns die Kiste mit den Duplosteinen sieht, beginnt er wie wild zu graben, schiebt Kinderwägelchen, Eisbären und Sessel unwillig zur Seite, bis er endlich in der linken Hand ein Auto und in der rechten ein Motat hält. Jubelnd kommt er damit zu mir gelaufen und stellt die Fahrzeuge auf den Tisch: „Auto, Motat!"

Vielleicht sollte ich alle Autos durch Puppen ersetzen, damit er sich nicht so extrem klischeehaft verhält. Andererseits denke ich mir, wenn er lieber mit Autos spielt, ist das doch ganz okay.

BABYBETRIEBSANLEITUNG 0.2

Morgen wird unser Enkel bei uns übernachten. Astrid und ich sind schon ein wenig aufgeregt. Erst ein Mal war Daniel über Nacht geblieben, es war vor mehr als einem Jahr, und ich habe dieses Debüt als nicht wirklich geglückt in Erinnerung. Nachdem der Kleine nach einem mehrstündigen Abendspaziergang endlich eingeschlafen war, hob ich ihn vorsichtig aus seinem Kinderwagerl. Dennoch war Daniel sofort wach, schrie laut und lange, sodass wir uns zu einer zweiten Runde auf den Weg machten. Ich schob ihn so lange durch die finstere Nacht, bis ihm wieder die Augen zufielen, schleppte ihn samt Kinderwagen über 21 Stiegen in den ersten Stock ins Wohnzimmer. Drehte zur Sicherheit noch ein paar einsame Runden auf dem alten Perserteppich, einem Erbstück meiner Schwiegereltern, und schlich aus dem Zimmer. Presste das Ohr an die Tür. Kein Laut, tiefe Stille. Es war 1 Uhr 37.

„Morgen wird alles einfach", versicherte uns Dominik und händigte Astrid eine kleine Betriebsanleitung aus: „Daniels Zu-Bett-Bring-Ritual". Folgende Punkte gilt es zu berücksichtigen:

1.) Die Auswahl der Stofftiere, die Daniel Gesellschaft leisten werden. Er darf sich zwei, maximal drei aussuchen. 2.) Das Bettlicht. Ohne „Elefant-Light" geht gar nichts. 3.) Vorlesen – entweder

Märchen oder das „Daniel-Buch", welches von einem Jungen handelt, der seinen Namen vergisst und ihn durch eine Reise, Buchstabe für Buchstabe, wiederfindet. Das Vorlesen ist interaktiv zu gestalten, beim ABC-Song singt Daniel inbrünstig mit, beim Löwen brüllt er. Nur das Trompeten darf man nicht imitieren. 4.) Vorsingen. Die Auswahl der Lieder ist frei. 5.) „milk"-„leche". Während der Nacht wacht Daniel normalerweise ein Mal auf und fordert „milk" (wenn sein Vater auf sein Wehklagen reagiert) oder „leche" (wenn es seine Mutter tut). Nachdem das Flaschi leergetrunken ist, schläft er zufrieden bis um ca. neun Uhr.

Astrid und ich sind bestens vorbereitet und können darüber hinaus auf eigene Erfahrungen zurückgreifen. Auch Daniels Vater hatte seine Spezialwünsche. So durfte ausschließlich der blaue Schnuller auf das Flaschi mit dem Nashorn geschraubt werden, andernfalls rührte Dominik es nicht an.

Badeente mit Doktorhut

Als jüngst der kleine Daniel bei uns übernachtete, stand nach dem nachmittäglichen Spielplatzbesuch ein heißes Bad an. Unser Enkel liebt dieses Ritual – anders als unsere Hündin, die der in großen Abständen von meiner Frau oder unser ältesten Tochter durchgeführten Ganzkörpernassreinigung wenig abgewinnen kann.

Daniel lässt dann seine Lieblingsbadeente, ein gelbes Modell mit Doktorhut, das wir seinem Papa anlässlich seiner Promotion geschenkt haben, mit den dunkelblauen hauseigenen Entchen zwischen den Schaumblasen Slalom fahren, nachdem er diese mit seiner kleinen Löwenwasserspritzpistole an den gewünschten Standort geschossen hat.

Nach dem Bad hebe ich ihn zu einem Foto über meinem Kleiderständer. Es ist genau 20 Jahre alt und zeigt seinen Vater mit seinen damals erst sechs Geschwistern in derselben Badewanne, in der er gerade gespielt hat. Der Schnappschuss muss im Herbst aufgenommen worden sein – alle sind braungebrannt und tragen die geknüpften Erinnerungsbändchen am Handgelenk, die wir beim Campingurlaub in Italien einem Strandverkäufer abgekauft haben. Sie lachen fröhlich in Mamas Kamera. Ob tatsächlich Wasser eingelassen ist, lässt sich nicht erkennen, jedenfalls hält Dominik vorsorglich seinen jüngsten Bruder, der noch nicht allein sitzen kann, fest im Arm.

Die Wände um die Badewanne sind in einem Beigeton verfliest, von dem Astrid jahrelang behauptete, er mache sie gemütskrank. Da die Vorbesitzer unseres Hauses die Nasszelle außerdem mit einem unpraktischen braunen Teppichboden ausgelegt hatten, ergriff meine Frau schließlich die Initiative und gestaltete die Räumlichkeiten in maritimem Weiß-Blau völlig neu. Die Einweihung der renovierten Nasszelle feierten wir passender Weise mit einem Fischmenü.

Die Kinder konnten nun nach Herzenslust unter den wachsamen Augen ihrer Mutter planschen, ohne dass diese unter der farblich trostlosen Umgebung litt.

Heute benützt keines unserer Kinder mehr eine Badewanne. In den Wohnungen der bereits ausgezogenen gibt es keine, und die hauseigenen verzichten aus ökologischen Gründen auf Vollbäder.

Also baden bei uns lediglich Daniel und Happy – wenn auch nicht gemeinsam.

Von Epi und Blas

Zähneputzen ist nicht lustig, vor allem für Kinder. Deshalb versuchen sie ihre Eltern mit einer Art Hinhaltetaktik zu zermürben. Dominik verstrickte mich gerne in langwierige Diskussionen.

„Warum muss ich eigentlich meine Zähne putzen?" – „Weil sonst die Kariesteufelchen kommen und sie kaputt machen." – „Wie schauen die Cariestasteufelchen denn aus? So wie der Krampus?" –

„Nein, die machen keine Caritas, sondern Karies. Die Teufelchen sind jedenfalls winzig klein, die sieht man nicht." – „Aber dann sind sie auch nicht stark. Ich hab keine Angst vor ihnen." – „Du brauchst auch keine Angst vor ihnen zu haben, wenn du immer brav putzt." – „Ich mag aber nicht."

Meistens beendete ich die Debatte mit dem Elternklassiker: „Weil ich es so will." Nachdem mein Sohn endlich die Zahnbürste in die Hand genommen hatte, folgte, Sekunden später, die ewig gleiche Frage: „Hab ich schon genug geputzt?" So oft, bis Astrid eine Eieruhr kaufte, die viele Jahre wertvolle Dienste leistete.

Nun wiederholt sich die Geschichte, allerdings mit vertauschten Rollen: Dominik muss nun seinem Sohn Daniel die Zähne putzen, nach einem genau vorgeschriebenen Drehbuch. Nach dem letzten Löffel Brei wird das „Epi und Blas"-Lied angestimmt und damit auf das bevorstehende Ritual hingewiesen. Im Bad dann: zuerst Begutachtung der Zahnpasta und der Zahnbürsten. Zur Auswahl stehen „Epi" und „Blas" (spanisch für „Ernie" und „Bert" aus der „Sesamstraße") sowie Löwe und Zebra. Zwei Bürsten werden ausgewählt, Epi / Blas bzw. Löwe/Zebra sind fixe Verbindungen. Nie würde sich mein kleiner Enkel etwa für Epi und Zebra entscheiden. Während Dominik seinem Sohn die Zähne putzt, darf dieser den „Lion's Song" auf Papas Handy sehen. Bevor der Löwe kommt, sagt er immer ganz aufgeregt: „Lion coming, lion coming!" Mit dem Ende des Videos ist auch die Putzzeit abgelaufen.

In den letzten 30 Jahren hat sich die Welt mehr verändert als in den 300 Jahren zuvor. Im Zusammenleben mit Kindern freilich ist vieles gleich geblieben. Immer noch machen Babys in die Windeln und wollen nicht Zähne putzen. Nur gibt es jetzt als Motivationshilfe statt der Eieruhr ein Handyvideo.

VON ERDÄPFELN UND REISWAFFELN

Neulich auf dem Spielplatz. Daniel sitzt friedlich in der Sandkiste, ihm gegenüber ein knapp 1-jähriges chinesisches Mädchen, Kim, das er unverhohlen anhimmelt. Beide Kleinen haben die Grundausstattung von Küberl, Schauferl, Rechen und Sieb vor sich, die sie weder verwenden noch einander streitig machen. Ein beschauliches Bild kindlichen Friedens.

Eine 4-jährige Rebecca, rothaarig und temperamentvoll, führt ein souveränes Regime über ihre beiden kleinen Brüder, Noah (knapp 3) und Moritz (18 Monate). Rebecca zeigt den Knaben, wie Sandkuchen gebacken werden, stößt aber auf wenig Resonanz. Da beginnt sie frustriert, dem jüngeren der Brüder Sand in den Halsausschnitt seines T-Shirts zu kippen. Dieser braucht eine Weile, um die Tücke zu erkennen, und auch dann reagiert er mit nur mäßiger Empörung. Die sinnliche Erfahrung auf den Bauch rieselnden warmen Sandes scheint ihm nicht unangenehm zu sein. Ich schaue mich unauffällig nach einer erziehungsberechtigten Person um. In einer Gruppe von Müttern entdecke ich eine junge Frau, die ihren Mann auf der gegenüberliegenden Parkbank fixiert. Von meiner Hockposition am Sandkastenrand kann ich nicht erkennen, was er auf seinem riesigen Handy macht, von dessen Display er den Blick nicht hebt. Seine Frau, die Mutter des munteren Trios, stampft aufgebracht auf ihn zu und weist ihn leise zischend auf die offenbar temporär ihm übertragene, von ihm aber grob vernachlässigte Aufsichtspflicht hin.

Mittlerweile hat Rebecca eine ökologisch unbedenkliche gläserne Jausenbox geholt, der sie gekochte und geschälte Erdäpfel entnimmt, um sie nicht nur ihren Brüdern, sondern auch Kim und Daniel zu verfüttern. Moritz ist wieder ganz versöhnt, lediglich die animierte Diskussion seiner Eltern stört ein wenig die Szenerie. Moritz krabbelt quer durch die Sandkiste und seinem Vater auf den Schoß. Dieser packt resigniert sein Handy weg und wischt sich feinen Sand von den Hosenbeinen.

Ich habe an diesem Nachmittag gelernt: Auf dem

Jausensektor positionieren sich neuerdings neben Reiswaffeln und Dinkelkeksen auch gekochte Erdäpfel. Daniel und ich, wir werden nächstes Mal auch welche mitnehmen.

„OPAPA, I MOG DI!"

Die Kindheit unserer Kinder wurde über viele Jahre von meiner Frau zunächst in so genannten Babybüchern festgehalten.

Auf den vorgedruckten Seiten von „Mein erstes Lebensjahr" konnte die stolze Mutter beispielsweise vermerken, wann der kleine Liebling das erste Mal gelächelt, den Kopf hochgehalten, sich vom Bauch auf den Rücken gedreht, den ersten Milchzahn, den ersten Haarschnitt, den ersten Brei bekommen hat, welches sein erstes Wort war, welche Spielsachen, Lieder und Verse er am liebsten mochte, wann er sitzen, krabbeln, stehen und gehen konnte, welches seine Ess-, Verdauungs- und Schlafgewohnheiten waren, welche Kinderkrankheiten er durchgemacht hat, wie lang und wie schwer er in jedem Monat seines jungen Lebens war und vieles mehr, was liebende Eltern in Erinnerung behalten möchten.

Für eine Kategorie jedoch könnte Astrid trotz ihrer Bibliothek voller Aufzeichnungen keine Auskunft geben: Ab welchem Zeitpunkt unsere Kinder ihre Onkel und Tanten auf Fotos erkennen und benennen konnten.

Für unseren kleinen Enkel lässt sich dieser Zeitpunkt sehr genau festlegen. In unserem Haus gibt es kaum eine Wand, die nicht mit Familienfotos in verschiedenen Größen und Rahmen dekoriert ist. An drei Stellen im Stiegenhaus sind Porträts unserer neun Kinder zu sehen, chronologisch vom Ältesten bis zur Jüngsten geordnet; das WC schmückt eine Galerie, die unsere Familie über viele Jahre zum selben Termin vor dem selben Haus in Italien zeigt; an der Speistür hängt ein ewiger Kalender, auf dem Sophie jeden Monat eine Collage eines anderen Familienmitglieds aufgeklebt hat (das fehlende Blatt hat sie mit unseren Haustieren gestaltet).

Mit 22 Monaten begann Daniel, der bis dahin lediglich seinen Papa einwandfrei und jubelnd erkannt hatte, auch seine fünf Onkel und drei Tanten väterlicherseits nicht nur zu identifizieren, sondern auch zu benennen, wobei ihm lediglich zwei Namen, Ni-ki-aus und -emes, kleinere artikulatorische Schwierigkeiten bereiteten.

Solche hat er jetzt nicht mehr. Im Gegenteil. Vor wenigen Tagen nämlich überraschte er mich, indem er in lupenreinem Steirisch zu mir sagte: „Opapa, i mog di!"

„Das ist ein Muzliriegel!"

Als ich ein Kind war, gab es jeden Freitag Fisch. Obwohl mein Bruder keinen Fisch mochte, musste er ein kleines Stück davon essen. Jeden Freitag. Wenn es Spinat gab, bekam ich einen kleinen Pflichtschöpfer auf den Teller geklatscht, den ich tapfer hinunterwürgte. Leider gab es sehr oft Spinat. Damals schwor ich mir: Meine Kinder müssen einmal nichts essen, was ihnen nicht schmeckt.

Da meine Frau viele Jahre zu Hause war, hatten wir immer ein frisch gekochtes, gemeinsames Mittagessen. Sie achtete darauf, dass es auch gesund war. Aber auch „Ungesundes" wie Süßigkeiten waren erlaubt, allerdings in kleinen Maßen. Dieses Defizit wurde freilich während der wöchentlichen Besuche bei den Großeltern mehr als wettgemacht. Unmittelbar nach der Begrüßung schritten sie zur Speisekammer, zogen die unterste Lade heraus und griffen routiniert mit beiden Händen in ein süßes Schlaraffenland. Immer war die „Schmauslade" randvoll und jeder durfte sich nehmen, so viel er wollte. Astrid und ich hatten nichts dagegen, dass bei Omama und Opapa andere Gesetze herrschten. Unser Ältester aß die Schokoladetafel nicht rippenweise, sondern wie ein Brot mit großen Bissen.

Nun sind wir selbst in der Rolle der Großeltern. Aber weil Dominik und seine Frau Nira ihre beiden

Kinder vernünftigerweise möglichst ohne Zucker aufwachsen sehen wollen, gibt es in unserer Küche keine Schmauslade. Gerne würde ich Daniel statt der Dinkelkekse eine Manner-Schnitte geben. Aber ich darf nicht.

Lange dachte ich nach, wie ein Kompromiss aussehen könnte, und fand ihn schließlich in einem Kinder-Müsli-Riegel. Irgendwie spürte mein kleiner Enkel, dass unser Deal ein bisschen bedenklich war. Jedenfalls flüsterte er mir, wenn keine lästigen Ohrenzeugen in der Nähe waren, mit Verschwörermiene zu: „Muzliriegel? Daniel Muzliriegel?"

Neulich kam Daniel zu uns und sagte, statt mich zu begrüßen, so laut, dass es auch sein Vater hören musste: „Muzliriegel?" Dominik sah mich fragend an: „Was meint er mit Muzliriegel?"

Ich tat so, als hätte ich keine Ahnung, da kam Daniel mit einem aus der Küche und sagte mit leichtem Vorwurf in der Stimme: „DAS ist ein Muzliriegel."

DANIEL FEHLT MIR

Seit einiger Zeit sitzt jeden Mittwoch ein kleiner Mensch an unserem Mittagstisch und isst mit uns. Er hat sein eigenes Besteck, und wenn er Erdäpfelstücke aufspießt, tut er das mit großer Behutsamkeit und Ausdauer. Immer wieder fällt das kleine Stück von seiner Gabel, dann versucht er es von Neuem. Lernen heißt Entdecken, Ausprobieren, Üben.

Wenn er satt ist, klettert er mit seinen Plüschlöwenpatschen von seinem Kindersitz und sagt zu mir: „Opapa, Bucher!" Ich muss mich dann neben ihn in die Wiege setzen, lieber würde ich ihm am Tisch vorlesen, weil es in der Wiege ziemlich ungemütlich ist für mich, aber er will nur in der Wiege sitzen, links neben mir, nie rechts.

Meine Gedanken gehen 30 Jahre zurück: Dominik (in Daniels Alter) hatte die Angewohnheit, pünktlich um drei Uhr in der Nacht sein Flascherl zu verlangen. Man musste ihn exakt auf dieselbe Stelle des Küchentisches setzen. Wenn Astrid oder ich ihn versehentlich um ein paar Zentimeter zu weit rechts oder links platzierten, begann er zu rebellieren: ein kleiner verzweifelter Mensch, den seine Eltern nicht zu verstehen schienen.

Kinder lieben Rituale, sie sind Bausteine schöner Erinnerungen. Die Harmonie zuhause ist eine innere Tür ins Leben. Regelmäßig wiederkehrende Fixpunkte im täglichen Miteinander zwischen (Groß-)Eltern und (Enkel-)kindern tragen zur emotionalen Sicherheit bei. Daniel will immer wieder dieselben Bilderbücher anschauen, und wenn wir zur Stelle mit den Löwen kommen, machen wir in geheimnisvoller Vertrautheit: „Chchchch."

Seit zwei Wochen ist der Kindersitz leer am Mittwoch, weil Daniel mit seiner Mutter und Lucia, seiner kleinen Schwester, zu seinen Tanten nach Spanien geflogen ist. Wir bekommen entzückende Videos, wie Daniel einen Delphin mit einem Fisch füttert, aber das ist nur ein kleiner Ersatz. Jetzt erst merke ich, wie sehr mir mein kleiner Enkel fehlt.

Aber in drei Tagen nimmt mein Leben wieder seinen gewohnten Lauf, links neben mir Daniel, auf meinem Schoß das Bilderbuch mit den großen und kleinen Tieren, und wir beide können es kaum erwarten, dass die Seite mit den Löwen kommt und wir verschwörerisch „chchchch" machen.

WIR ZWEI HELDEN

Der Alltag ist der wichtigste Lernort für Kinder, Rituale sind unverzichtbar. Kinder lieben Rituale und Wiederholungen. Wie oft habe ich meinem Ältesten das Buch „Rascal, der Waschbär" vorgelesen – so lange, bis ihm (oder mir) die Augen zufielen.

„Papa, bitte lies uns eine Gutenachtgeschichte vor!" Der Satz klingt immer noch – viele Jahre später – so anheimelnd wie vertraut. Er war das Signal für ein allabendlich stattfindendes Ritual: Der Tag ist zu Ende, die Nacht beginnt. Schlaft ruhig und träumt schön.

Heute ist mein ältester Sohn 32 Jahre alt und Vater von zwei Kindern, Daniel und Lucia. So wie ich damals liegt nun er neben seinem kleinen Sohn im Bett, schaut mit ihm ein Bilderbuch an. Daniel will immer dieselbe Geschichte hören, er weiß schon, was auf der nächsten Seite passiert, niemals könnte man eine Passage auslassen.

Der starke Arm seines Vaters, der ihn umfasst, vermittelt ihm Geborgenheit und das Gefühl, dass er nicht allein ist mit seiner Freude und Zufriedenheit. Die Harmonie zuhause ist das größte Kapital, das Eltern Kindern auf ihrem Lebensweg mitgeben können. Sie ist eine innere Tür ins Leben.

Auch mit mir, seinem Großvater, teilt Daniel seit einigen Monaten ein wiederkehrendes Ritual. Wenn ich ihn abhole, fahren wir immer an einem China-Restaurant vorbei, vor dessen Eingang zwei Löwen hocken, grimmig die Zähne bleckend. Wir steigen aus, nähern uns vorsichtig den beiden Raubkatzen aus Stein, bleiben in gebührendem Sicherheitsabstand vor ihnen stehen (man kann ja nie wissen, vielleicht bewegen sie sich doch einmal) und geben löwenähnliche Geräusche von uns: „Chchchchchch!!"

Wir stehen Hand in Hand vor den beiden Kolossen, Daniel drückt mit seiner kleinen meine große ganz fest, und sind sehr stolz auf uns, weil wir so mutig sind.

Irgendwann sind wir erschöpft, es ist nämlich

nicht unanstrengend, laut und lang „Chchchchchch" zu brüllen und dabei grimmig die Zähne zu
blecken. Dann steigen wir ins Auto. Wieder einmal
haben wir ein großes Abenteuer bestanden und
sind davongekommen – zwei Helden, ein ganz junger und ein schon ziemlich alter. Und wir freuen
uns schon auf das nächste Mal.

Der Mond ist aufgegangen

So richtig vom Mond abhängig ist in unserer Familie niemand. Anders als mein Freund Egon, dessen
Frau bereits 48 Stunden vorher am Verhalten ihres
Mannes erkennt, dass wieder einmal Vollmond
ist, sind wir psychisch stabil bzw. hat die schlechte Laune einzelner durchaus terrestrische Gründe (Prüfung knapp verhaut, Elfmeter verschuldet/
verschossen, Reisepass/Handy/Fahrradschlüssel
verloren). Trotzdem mögen wir das freundliche Ge-
stirn und freuen uns über seinen mit beruhigender
Verlässlichkeit von einer Phase in die andere wech-
selnden Anblick.

Ich habe schon einmal erzählt, dass unser kleiner Enkel dreisprachig aufwächst, da seine Mama
Spanierin ist und Dominik lange in den USA studiert und gearbeitet hat, und viele Leute erkundigen
sich seitdem danach, wie das in der Praxis aussieht.

Vorläufig geht es ganz einfach: Von seinem Papa bekommt Daniel ein Glas water, wenn er durstig ist, Nira gibt ihm agua zu trinken, und bei uns ist Wasser in seiner Tasse. In Gran Canaria wird Daniel von seiner abuela abgebusselt, in Graz von seiner Omama geherzt, und wenn Papas friend aus den Staaten zu Besuch kommt, gibt er ihm lachend high five.

Wenn allerdings aufregend Neues passiert, kann es auch vorkommen, dass Daniel seine Sprachen vermengt. Neulich fand ich in unserem Fundus ein altes Bilderbuch mit einer entzückenden Gute-Nacht-Geschichte. Auf jeder Seite wird es im Bärenhaus finsterer, der kleine Petzi zieht seinen Pyjama an, trinkt seinen Kakao, putzt sich die Zähne und krabbelt ins Bett. Als der Bärenpapa ihn mit der dicken Tuchent zugedeckt hat, zieht er den Vorhang zu, damit der Mond nicht so hell ins Zimmer scheint.

Sobald der kleine Bär seine Augen zugemacht hat, klappt mein Enkel das Buch entschlossen zu, um es umgehend wieder auf der ersten Seite aufzuschlagen. Und wieder begleiten wir Petzis nun schon vertrautes Abendritual, und als der Papa-Bär sich anschickt, die Vorhänge zuzuziehen, sagt Daniel seinen ersten vollständigen Satz, und in seiner Begeisterung denkt er gar nicht daran, dass sein Opapa gar nicht spanisch und leider auch nicht besonders gut englisch kann: „Schau, otro (spanisch: noch ein) moon (englisch: Mond)!"

EIN TYP WIE ICH IST NICHT GEFRAGT

T-Shirts und Entstieler

Ich liebe meine Töchter. Und ich unternehme gerne mit ihnen etwas. Zum Beispiel einen Theaterbesuch oder eine Radtour. Es gibt noch einige andere Dinge. Shoppen zählt nicht dazu. Nun ist es nicht so, dass sie mich wöchentlich darum bitten. Sie sind, was ihre Mode betrifft, anspruchslose Mädchen. Aber hin und wieder braucht man einfach etwas Neues: einen senfgelben Pulli oder ein T-Shirt mit vielen lustigen Sprüchen drauf („Life is short – eat dessert first").

Also fahre ich mit ihnen in ein Einkaufszentrum. Auf Anhieb fällt mir kein Ort ein, wo ich mich weniger wohl fühle. Meine Aversion gegenüber Einkaufszentren hängt vielleicht damit zusammen, dass ich einmal mein Auto nicht mehr gefunden habe. Meine Töchter hingegen finden sich wunderbar zurecht. Kaum sind wir dort, sind sie auch schon weg.

Ich stehe im roten Haus 5 auf der dritten Etage. Obwohl sich Hunderte Menschen um mich drängen, fühle ich mich sehr einsam. Hier gibt es vor allem Uhren, Trachtenmode, Piercing-Zubehör und Brillen.

Ich ziehe meine Runden, immer in Gedanken, wo wohl mein Auto steht. Als ich zum zwölften Mal an den sensationell vergünstigten Lederhosen vorbeikomme, tuscheln zwei Verkäuferinnen auffällig miteinander und zeigen in meine Richtung.

Inzwischen sind drei Stunden vergangen, und von meinen Töchtern ist nichts zu hören und zu sehen. Ich rufe sie an. „Ein T-Shirt und zwei Strumpfhosen haben wir schon. Wir brauchen noch ein bisschen Zeit. Du kannst dir ja auch was kaufen!"

Da ich nicht zum 13. Mal an den Lederhosen vorbeigehen will, betrete ich ein Geschäft mit Küchengeräten, probiere den hochwertigen Gurkenhobel und das Messer mit der originalen Damaszener Klinge. Als ich gerade über die Vorteile des innovativen Erdbeer-Entstielers informiert werde, klingelt mein Handy: „Wir sind fertig. Wo bist du?" Es ist die strahlende Stimme meiner Jüngsten. „In einem Haushaltsgeschäft. Habt ihr noch einen Weg?" Schließlich möchte ich mir noch den Steam Roaster aus Silikon erklären lassen.

Eines steht fest: Das nächste Mal fahre ich ohne meine Töchter her. Dann kann ich mir in aller Ruhe auch den QUSeal Beutelverschließer anschauen.

Der Matchwinner

Meine älteste Tochter hat sehr viele gute und nur ganz wenige weniger gute Eigenschaften. Eigentlich fällt mir nur eine ein, und die blitzt lediglich auf, wenn sie ein Bekleidungsgeschäft betritt: Was soll ich kaufen – eine Hose oder einen Pulli oder doch lieber ein T-Shirt? Einfärbig oder doch lieber gemustert, retro oder modern? Sie leidet unter einer plötzlich auftretenden Entscheidungsschwäche, die nicht nur sie, sondern auch partiell den sie begleitenden Beraterstab befällt.

Zum ausgewählten Kreis zählen ihre beiden Schwestern, denen es nichts ausmacht, viele Stunden in einem dieser geheimnisvollen Shops zu verbringen, in dem es zwar Dutzende ockerfarbene Schals gibt, aber keinen Sessel (auf dem sich erschöpfte Erziehungsberechtigte niederlassen können), und unentwegt zahllose Textilien in die Kabine zu reichen. Dabei bewegen sie sich traumwandlerisch sicher zwischen den Kleiderständern wie zwei Eingeborene durch einen Dschungel.

Meine Frau zählt nicht mehr zu Tonys bevorzugten Stilberaterinnen, seit sie beim letzten Einkaufsbummel nach höchstens eineinhalb Stunden allzu heftig auf einen Kaufabschluss – es ging um einen blauen Blazer – gedrängt hatte.

Meine Rolle würde ich mit der eines Fußballers auf der Ersatzbank beschreiben. Ich bin da, wenn ich gebraucht werde. Mit meinem Reservistendasein bin ich, um ehrlich zu sein, höchst zufrieden.

Unlängst jedoch kam ich ganz überraschend zum Einsatz, als meine Tochter während eines

Spaziergangs durch Innsbruck so nebenbei die Bemerkung fallen ließ, sie habe eigentlich kein vernünftiges Paar Schuhe. Ohne Umschweife betraten wir das nächste Geschäft, wo ich in einem Regal ein Modell entdeckte, das meiner Tochter auf Anhieb gefiel. Ich signalisierte der dienstbeflissenen Verkäuferin, heftig gestikulierend, dass sie keine weiteren Modelle bringen möge.

Nach nicht einmal zehn Minuten verließen wir das Geschäft: eine glückliche Tochter, die mit ihrem Handy sofort ein Foto von unserem Einkauf machte, das sie an alle Familienmitglieder verschickte, und ein glücklicher Vater, der die Gunst der Stunde genutzt hatte und vom Reservisten zum Matchwinner avanciert war.

Küchenuhr mit Vögeln

Frauen ticken in vielerlei Hinsicht anders als Männer. Das hat nichts mit Erziehung zu tun, es ist einfach so. (Ich weiß, als überzeugter Gegner der Gender-Theorie und als leidenschaftlicher Anhänger des achtjährigen Gymnasiums zähle ich zu den Ewiggestrigen.)

In den Energieferien flogen meine Frau und ich nach Mallorca. Astrid bereitet sich immer sehr gründlich auf unsere Reisen vor. Sie kauft alle im

Handel erhältlichen Führer und studiert sie genau, streicht immer alles an, was sie gerne sehen will. Außer kulturhistorischen Stätten interessieren sie vor allem archäologische Museen, botanische Gärten, Naturparks, Zoos sowie Wochenmärkte.

In Mallorca gibt es erstaunlich viele Wochenmärkte, die an unterschiedlichen Tagen stattfinden. Das hat den Vorteil, dass wir täglich einen besuchen konnten. Für mich sieht jeder gleich aus. Vor allem das Sortiment an unfassbar großen, beigen Damenunterhosen kehrt – wie ein Leitmotiv – in allen Städten immer wieder. Ein älterer Mann, der gebrauchte Lampenschirme feilhielt, begrüßte mich in Felanitx wie einen guten Bekannten. Wir hatten einander ja auch schon in Arta und Llucmajor gesehen.

Astrid sucht immer etwas Bestimmtes, diesmal eine Küchenuhr für die neue Wohnung unserer ältesten Tochter. Ich entdeckte eine, preisgünstig und mittelkitschig, mit Vögeln in allen Farben, und wollte sie auf der Stelle erwerben. Meine Frau war entschieden dagegen: „Du kannst doch nicht die erstbeste kaufen", grollte sie.

Den letzten Wochenmarkt in Valdemossa schwänzte ich. Ich setzte mich in ein Café, am Nebentisch unterhielten sich drei Engländer in meinem Alter. Sie schienen auf jemanden zu warten. Nach einiger Zeit trafen ihre Frauen ein, alle strahlend, mit vielen Nylonsackerln, deren Inhalt sie stolz präsentierten: u. a. ein Carmen-Kostüm und Kastagnetten für die Enkelin, einen Wecker in Stierform sowie ein Geschirrtücherset in den Farben von Real Madrid.

Die Herren warfen einander vielsagende Blicke zu und täuschten routiniert großes Interesse an den Einkäufen vor.

Astrid kam, als die ersten Standln bereits abgebaut wurden – in der Hand eine Küchenuhr mit vielen bunten Vögeln.

MEIN HOLZHACKERHEMD

Unlängst holte ich frühmorgens mein Lieblingshemd aus dem Kasten. Es ist aus Flanell, die Karo-Musterung bodenständig, die rot-blau-weißen-Farbtöne jugendlich. Ich finde, es passt sehr gut zu mir. Es war frisch gewaschen und duftete nach Lavendel.

Dieses wunderbar weiche Kleidungsstück legte ich auf den Rand der Badewanne. Kurz darauf hörte ich mein Handy läuten. Ich verließ das Badezimmer, fand das Handy nicht, weil es nicht mehr läutete, und ging ins Badezimmer zurück. Dort musste ich eine seltsame Entdeckung machen: Mein Hemd war verschwunden. Ich fand keine Erklärung, schaute noch einmal in den Kasten. Aber das Hemd war weg.

Da sah ich im Stiegenhaus Astrid mit unruhig flatterndem Blick über die Stufen huschen, in ihren zierlichen Armen Berge von Wäschestücken: Socken, Jeans, Pullis, Handtücher. Aus dem Wust von bunten Textilien baumelte ein Ärmel meines Lieblingshemdes.

Wenn meine Frau so durch das Haus hetzt, ist nichts vor ihr sicher. Auf ihren Beutezügen rafft sie alles an sich, was nicht ordnungsgemäß im Kasten liegt. Meine Söhne, die nicht so leicht vor etwas Angst haben, fürchten diesen speziellen Blick ihrer Mutter und verbarrikadieren sich in ihren Zimmern, um ihre kaum getragenen Wäschestücke vor ihrem unbarmherzigen Zugriff zu retten.

„Astrid", rufe ich ihr nach, „bitte gib mir mein Hemd. Es ist ganz frisch. Und den Pullover hab ich auch erst ein Mal angehabt." In einem kurzen Handgemenge versuche ich ihn ihr wegzunehmen. Aber sie ist eine gefinkelte Gegnerin.

„Den Pullover trägst du seit einer Woche, und aus diesem altmodischen Holzhackerhemd scheinst du überhaupt nicht mehr herauszukrallen." Den Einwand, dass ich das Hemd vor wenigen Minuten aus dem Kasten geholt hätte, wischt sie lässig weg: „Ich muss doch die Waschtrommel voll kriegen. Wenigstens die für die blaue 40 Grad-Wäsche. Dass du das nicht verstehen kannst!"

Nun will ich nicht verschweigen, dass mich seit

dieser Szene die Waschmaschinenproblematik
sehr beschäftigt hat, bis mir die Lösung eingefallen
ist: Ich erwerbe im Ausverkauf ganz billige Klei-
dungsstücke. Nicht zum Anziehen, sondern nur
zum Befüllen der Waschmaschine.

„UND RÜCK-VOR, SEIT-SEIT-SCHLUSS"

Ich kenne in meinem Bekannten- und Verwandten-
kreis sehr viele Frauen, die gerne tanzen, aber nur
ganz wenige Männer. Um genau zu sein – es sind
nur zwei: meine beiden Brüder. Vor allem der älte-
re, ein Perfektionist in allen Lebenslagen, hat schon
viele Tanzkurse absolviert. Schwierige Schrittfolgen
filmt er und analysiert sie daheim in minutiösen Vi-
deosequenzen. Sooft es seine Zeit erlaubt, verwan-
delt er sein Büro in ein Tanzstudio und übt mit seiner Frau. So ist mein Bruder.

Ich bin leider ganz anders. Mein größtes Problem: Ich tanze – zum Leidwesen meiner Frau, die
viele Jahre als Ballettelevin über das Parkett ge-
schwebt ist und gewissermaßen den Rhythmus im
Blut hat, – sehr ungern. Erschwerend kommt der
Umstand hinzu, dass ich sehr verletzungsanfällig
bin. Vielleicht bilde ich es mir nur ein, jedenfalls
will ich keine Rumba riskieren, ohne mich vorher
gründlich aufgewärmt zu haben. Nun sieht das ei-

nigermaßen seltsam aus, ein weißhaariger Senior, der auf dem Tanzparkett Dehnungsübungen vollführt, ehe er seine Frau zum Tanz bittet.

Astrid findet meine Attitüde nur lächerlich und peinlich. Natürlich hat sie recht: Ich gebe auf dem Tanzboden eine klägliche Figur ab. Dazu stehe ich, meine Frau kann sich damit allerdings nicht abfinden. Also besuchen wir ungefähr alle fünf Jahre einen Tanzkurs. Die Initiative geht meistens von mir aus. Ehrlich gesagt: Es fällt mir nicht ganz leicht, einen Ehepaarkurs zu buchen, aber wenn ich dann mit meiner Überraschung herausrücke und Astrid mir jubelnd um den Hals fällt, denke ich: Was sind schon acht Abende, diesmal werde ich mich wirklich bemühen. Der Tanzsaal ist – Gott sei Dank – sehr voll, sodass wir nur eines unter mehr als einem Dutzend weiterer Paare sind. Meine Frau ist hoch-, ich eher durchschnittlich motiviert. Als ich beim Cha-Cha-Cha immer wieder die Drehung auslasse, sagt Astrid zum ersten Mal. „So ist es nicht lustig!" Bei der Rumba fange ich immer wieder mit dem falschen Fuß an, Astrid rollt mit den Augen: „Wenn du dich nicht bemühst, gehen wir in der Pause." Wie kann ich meiner Frau erklären, dass mir eine perfekte Schrittfolge nicht so wichtig ist. Ich bin eher fürs Improvisieren – linker oder rechter Fuß, macht das wirklich einen so großen Unterschied? Inzwischen haben wir die Hälfte der Tanzeinheiten hinter uns. Ich bin nicht unzufrieden mit mir, Astrid schon.

Letztens übten wir den Jive. Ich hatte – wie üblich – wieder einmal keinen blassen Schimmer vom Vor und Zurück und Seit-Seit-Schließen. Astrid dirigierte mich wie immer, drehte mich wild in die richtige Richtung, mir die Schrittfolge laut vorzählend. Da schaute der Tanzlehrer zufällig auf uns. Während er mir anerkennend zunickte, korrigierte er Astrids Handhaltung, ein wenig nur, aber immerhin.

Der Mann versteht nicht nur sehr viel vom Tanzen, er ist obendrein auch ein hervorragender Psychologe. Ich freue mich jedenfalls schon auf den nächsten Tanzabend.

Es führt der Mann!

Derzeit gibt es für Vorteilsclubmitglieder der „Kleinen Zeitung" ein verdammt günstiges Angebot für Freunde des Gesellschaftstanzes. Nun müssen Sie wissen, dass ich begeistert Sonderangebote jeglicher Art nutze. Ich bin ein ideales Opfer der Werbeindustrie.

Wenn in einem Supermarkt irgendetwas rot ausgeschildert und besonders günstig angeboten wird, zieht es mich mit magischen Kräften dorthin. Ich kaufe dann oft, aus mir unerfindlichen Gründen, sinnlose Artikel.

Einmal kam ich mit einem 10-Liter-Glas Pfefferoni nach Hause, worauf meine kleinste Tochter mich kichernd fragte, wer in unserer Familie so viele Pfefferoni esse (und vertrage). „Ich weiß es nicht", gab ich zur Antwort, „ich hab sie gekauft, weil sie so günstig waren." Jetzt gibt es also diesen sagenhaft günstigen Tanzkurs, den ich buchen werde, obwohl ich nicht wirklich gerne tanze. Ehrlich gesagt mag ich gar nicht tanzen, und ich kenne auch keinen Mann, der gerne tanzt – außer meinen Bruder. Mein jüngster Sohn gerät nicht seinem Onkel nach, sondern mir. Er tanzt lieber seine Gegner in kurzen Hosen auf dem Fußballplatz aus als mit einer Partnerin in Anzug und Krawatte im Ballsaal. Astrid wiederum tanzt leidenschaftlich gerne – und gut. Sie hat den Samba im Blut. Ich nicht. Sie lässt nie auch nur einen kleinen Zwischenschritt aus. Ich schon.

Rechts – vor – rück – cha-cha-cha rück – vor – cha-cha-cha.

Wenn ich hin und wieder auf eine Drehung vergesse, kommt es zu kleinen Diskussionen zwischen meiner Frau und mir, die ich kategorisch beende: „Aber der Herr führt."

Im Zeitalter der Gleichberechtigung werden Frauen bei jeder Gelegenheit aufgefordert, sich von alten Rollenklischees zu befreien und in Männerdomänen einzubrechen: Mechanikerinnen,

Schlosserinnen, Rauchfangkehrerinnen vor! Dass trotz aufwendigster Propaganda die überwältigende Mehrheit der jungen Mädchen nach wie vor lieber in einem Friseurgeschäft steht als in einem Caterpillar sitzt, sei nur am Rande erwähnt. Es gibt, glaube ich, nur noch ein letztes Rückzugsgebiet des Mannes, das Feministinnen offensichtlich übersehen haben: das Tanzparkett. „Der Herr führt!" – auch wenn er nicht will oder kann, er muss.

Nie wird ein Männlein von einer Walküre in die Höhe gestemmt, um die eigene Achse gewirbelt und wieder aufgefangen. Es ist immer umgekehrt. Ich bin weiß Gott kein Anhänger eines militanten Feminismus. Aber was das Tanzen betrifft, würde ich mir mehr Engagement vonseiten des Frauenministeriums erwarten. Es gilt das Recht der Frauen einzuklagen, ihrerseits bei einem Foxtrott oder einer Rumba die Herren zu führen.

Um ehrlich zu sein: Beim Pasodoble bin ich schon seit geraumer Zeit Feminist und lass mich von Astrid gerne dirigieren. Nur beim langsamen Walzer verstehe ich keinen Spaß und bin gegen jedweden Rollentausch. Der ist nämlich der einzige Tanz, dessen Schrittfolge ich einigermaßen problemlos nachvollziehen kann. Mein absoluter Lieblingstanz. Und deshalb führe ich.

Denn ich bin der Mann.

Ich bin umzingelt

Mir geht es wie Sisyphus, dem Helden der griechischen Mythologie, der als Strafe für einen Frevel einen Felsbrocken auf einen Berg schieben musste. Sooft er sich am Ziel wähnte, rollte der Brocken wieder zu Tal und er musste seine Arbeit von Neuem beginnen.

Ich muss keinen Stein auf einen Berg rollen – im Gegenteil. Ich muss einen Berg abtragen. Einen Berg aus alten Ausgaben der Hamburger Wochenzeitung „Die Zeit", von denen jede so umfangreich ist wie drei Taschenbücher. Jede Woche wird der Berg höher, denn am Donnerstag kommt die neue Ausgabe. Sie liegt dann, ungeöffnet und in Plastik verschweißt, einige Tage auf meinem Schreibtisch, bis ich die kleine Stehleiter aus dem Keller hole, um sie auf die oberste Nummer zu legen. Das geht nun schon viele Jahre so.

„Wirf doch wenigstens die alten weg, die aus dem Jahr 2008", sagt meine Frau. Die letzten Jahre vertröstete ich sie damit, dass in der Pension alles anders wird. Aber nun bin ich seit 1 ½ Jahren im Ruhestand, doch der Zeitungsberg wächst immer noch.

„Irgendwann schmeiß ich sie weg. Du merkst ja gar nicht, wenn welche fehlen", bleibt Astrid hartnäckig. „Bitte nicht", flehe ich, „nächste Woche beginne ich die ersten zehn durchzusehen."

Ich kann diese wunderbaren großformatigen Zeitungen doch nicht ungelesen entsorgen. Deshalb blättere ich sie durch, schneide Artikel aus, die ich in bunten Pappendeckelordnern aufbewahre.

Von diesen Pappendeckelordnern bin ich umzingelt: Sie stehen auf den Kästen im Schlafzimmer, auf meinem Nachtkastl, auf den Bücherregalen auf dem Dachboden und im Keller, neben meinem Lehnstuhl.

Manche Zeitungsseiten sind bereits gelb. Die meisten sind ungelesen – aber ich kann mich einfach nicht von ihnen trennen.

Ehrlich gesagt, machen mich diese alten Zeitungen ziemlich fertig. Mir geht es wie einem Fußballteam, das aus dem eigenen Strafraum nicht herauskommt. Mir muss ein Befreiungsschlag gelingen.

Vielleicht überrasche ich meine Frau zum Geburtstag, indem ich mit allen Zeitungen zum Sturzplatz fahre. Gott sei Dank ist der erst im Dezember. Bis dahin habe ich noch ein wenig Zeit. Fürs Erste kaufe ich mir einmal einen Sechserpack Pappendeckelordner.

EIN TYP WIE ICH IST NICHT GEFRAGT

Lange Zeit dachte ich, dass sich Gegensätze anziehen und ich mich deshalb so gut mit Astrid verstehe. Doch die Lektüre des Buches „Warum Mozart

Babys nicht schlauer macht" belehrte mich eines Besseren. Darin führt das Autorenteam plausibel aus, dass diese Volksweisheit zu den 25 größten Irrtümern der Psychologie zähle. Seitdem bin ich stark verunsichert und suche verzweifelt nach Gemeinsamkeiten. So liest Astrid, um ein Beispiel zu nennen, mit lebhaftem Interesse Kontaktanzeigen in der Hamburger Wochenzeitung „Die Zeit", einem Blatt mit hohem Qualitätsanspruch immerhin. Ich nie. Warum sie das tut, weiß ich nicht, ich habe sie nie danach gefragt. An und für sich erlebe ich unsere Ehe als sehr gefestigt und auch nach 34 Jahren glücklich. (Na ja, das mag jetzt vielleicht ein wenig kitschig klingen, aber es ist so.)

Also bin ich nicht wirklich beunruhigt. Bis letzte Woche. Da zerrte ich ein Dutzend noch in Plastik verschweißte, stark verstaubende „Zeit" Nummern unter meinem Bett hervor und schlug die Seiten mit den Kontaktanzeigen auf.

Mein erster Eindruck: Gesucht sind vor allem Herren mit Herzenswärme, die Lust haben, ein Stück der Welt zu erobern, kulturell interessiert sind, Sinn für Ästhetik so wie für gute Küche haben. Ich weiß nicht...

Ganz sicher entspreche ich nicht einem „Prinzen auf dem Pferd". Auch bin ich nicht einer, „der keine Angst hat, das romantische Mädchen hinter der Fassade kennenzulernen", „den es immer wieder nach

Schottland zieht", der dort „auch mal Blödsinn macht". Ganz sicher fehlt mir der Mut, mich „gemeinsam mit einer schlanken, 1,64 m großen Akademikerin aus Kiel durch die baldigen Herbststürme zu wagen". Auch der Aufforderung, gemeinsam mit ihr „in den Frühling zu tanzen", möchte ich lieber nicht nachkommen. Ich bin, fürchte ich, kein „in sich ruhender, souveräner Mann, wild at heart, der mit den Steinen in seinem Lebensrucksack umgehen kann, sich für chinesische Meditationstechniken interessiert und gemeinsames, schweigendes Versunkensein zu schätzen weiß".

Am ehesten entspreche ich jenem Anforderungsprofil: „Wenn Sie Ihre eigenen Zähne, eigenes Geld und eine eigene Meinung haben, bereit sind, die Tür ab und zu hinter sich zu schließen, um mit mir ein erwachsenes Abenteuer einzugehen, schreiben Sie mir bitte handschriftlich." (Aber was ist, wenn meine Zähne locker werden?) Was mich ein wenig nachdenklich stimmt: Es besteht keinerlei Interesse an Männern, die locker einen ganzen Abend lang über das extreme Pressing des FC Barcelona oder die mangelhafte Chancenauswertung des SV Buchschachen (2. Burgenländische Landesliga) reden, zügig 27 Paar Socken auf eine Wäscheleine hängen, ohne Einkaufszettel die Zutaten für 25 Wienerschnitzel besorgen können (und auch Preiselbeeren und Zitronen nicht vergessen und den Sellerie für die vegetarische Tochter).

Mit einem Wort: Ein Typ wie ich ist nicht gefragt. Mir fällt eigentlich nur eine Frau ein, die das anders sieht: meine.

„Die reibt mi auf!“

Der oft besprochene Generationenkonflikt währt so lang, wie es eben Generationen gibt. Alt und Jung, darin liegt der natürliche Konfliktstoff. Die Ursachen sind biologische, nicht moralische. Natürlich stellt sich der sogenannte Generationenkonflikt im Laufe der Geschichte in unterschiedlicher Stärke dar.

Schon in einem Keilschrifttext aus Chaldäa um 2000 vor Christus heißt es: „Unsere Jugend ist heruntergekommen und zuchtlos. Die jungen Leute hören nicht mehr auf ihre Eltern. Das Ende der Welt ist nahe.“ Und Sokrates, der große griechische Philosoph, soll im 5. Jahrhundert vor Christus formuliert haben: „Die Jugend von heute liebt den Luxus, hat schlechte Manieren und verachtet die Autorität. Die Jungen widersprechen ihren Eltern, legen die Beine übereinander und tyrannisieren ihre Lehrer.“ Und sein Schüler Platon schreibt: „Die Jüngeren stellen sich den Älteren gleich und treten gegen sie auf, in Wort und Tat.“

Letztens in der Straßenbahn: eine heftig an ihrem Sohn zerrende Mutter, die Frau aufgeregt und hektisch, der Knabe, vielleicht zehn Jahre alt, gelassen und überlegen. Sie brachte sich bereits zehn Minuten vor dem Aussteigen in Position, direkt vor der Tür.

Da musste ich unwillkürlich an eine kleine Szene denken, die sich vor vielen, vielen Jahren zugetragen und die mir mein Vater oft erzählt hat. Eine Großmutter, die mit ihrer geradezu elektrisierenden Nervosität alle Insassen des Straßenbahnwagens – um im Bilde zu bleiben – unter Strom setzt, fragt den Schaffner: „Ist das schon die Reiterkasern'?" – „Nein, erst die dritte Station!", erklärt gelangweilt der Bedienstete. Die Oma lässt sich wieder auf ihren Sitz fallen. Als die Straßenbahn stehen bleibt, springt sie erneut auf. „Aber das ist ja erst a Ampel!", beruhigt der Sitznachbar. Die erste Haltestelle wird passiert. „Richt ma uns her!" Sie reißt das Kind an ihrer Seite hoch, das ostentativ durch die Scheibe nach draußen schaut und augenscheinlich den Eindruck vermitteln will, diese Person nicht zu kennen, jedenfalls mit ihr nichts zu tun haben zu wollen.

Eine Kurve wirft sie einem missvergnügten Passagier auf den Schoß: „Sie werden schon no aussi kommen!" Der Wagen hält. „Jessas – aussteig'n lassn!!", schreit die Oma in hellem Diskant. Der

Knabe, völlig abgeklärt: „Das ist doch noch nicht die richtige Haltestelle." Während der Kleine abermals Platz nimmt, bleibt die Großmutter mitten in der Tür stehen und hindert die Fahrgäste sowohl am Ein- als auch am Aussteigen. Schließlich ist es so weit: die Reiterkaserne. Die Frau drängt panisch hinaus, in ihrem mächtigen Kielwasser der Bub. Schon steigt sie über die Stufen, da wendet sich der Kleine nochmals zum Wageninneren zurück, legt eine Hand beteuernd auf die Brust und sagt unter ernstem Kopfschütteln im Ton tiefster Überzeugung: „Die reibt mi auf!"

Es war die vollkommenste Überwindung des Generationenkonflikts, da die Herzen aller Alten dem Boten künftiger Geschlechter zuflogen.

MUTTERLIEBE IST ANDERS

Die Bindung der Mutter zum Kind und des Kindes zur Mutter ist die schönste und tiefste Bindung, die unter Menschen möglich ist. Sie dauert nicht nur über das ganze Leben, sie dauert über den Tod der Mutter hinaus und weit hinein in das Leben des Kindes.

Natürlich muss das nicht immer so sein. Jeder kennt Beispiele, wo andere Bezugspersonen wichtiger für das Kindeswohl gewesen sind. Die Regel ist es nicht. Sie ist guter Hoffnung, sagt man, wenn eine

Frau ein Kind erwartet. Und: Sie trägt ein Kind unter ihrem Herzen. Eine Mutter schenkt Leben in einem existentiellen Sinn, der über das Biologisch-Materielle hinausgeht.

Meine Familie, meine Kinder sind mir das Wichtigste. Es tut mir weh, wenn sie nicht glücklich sind, und sie fehlen mir, wenn sie nicht da sind. Aber ich freue mich auch für sie, wenn sie auf eigenen Beinen stehen.

Meiner Frau fällt das Loslassen ungleich schwerer. Mutterliebe ist eben anders. Seit September arbeitet Anna als Au-pair-Mädchen in Rom. Wann immer Astrid Zeit hat, kommuniziert sie mit unserer Tochter. Meldet sich Anna einmal einen Tag lang nicht, macht sich meine Frau große Sorgen. Ich glaube, in Gedanken ist sie Tag und Nacht bei unserer Tochter. Jeden Abend liegt ihr Handy aktiviert auf ihrem Nachtkastl. „Eine Mutter muss immer für ihre Kinder da sein. Und wenn sie weg sind, dann wenigstens erreichbar", sagt sie mit Überzeugung. Das Handy ist so etwas wie eine virtuelle Nabelschnur für sie.

Auch wenn sich die Söhne, die schon ausgezogen sind, längere Zeit nicht melden, ist sie beunruhigt: „Ich verstehe nicht, dass sie nichts von sich hören lassen. Wüssten sie, wie sehr ich mich über eine Nachricht von ihnen freue, würden sie öfter anrufen."

Den Kummer meiner Frau drücken sehr schön zwei Strophen eines Gedichtes von Peter Rosegger aus, in denen er die Ängste seiner Mutter um ihn beschreibt, der weit weg vom Vaterhaus in der Fremde weilt:

„Der Platz ist leer am kleinen Tisch,
Der Sohn ist in der Fern,
Ihr Tischgebet gilt sein, und sie
Empfiehlt ihn Gott, dem Herrn.

Dort draußen, wo die Sünde lockt,
Und viel Gefahren droh'n!
Sie kann nichts tun als weinen still
Und beten für den Sohn.

KEIN PONCHO IM JULI

Ein warmer Mantel

Vor wenigen Tagen feierte meine Mutter ihren 92. Geburtstag, zusammen mit ihren fünf Kindern, den dazugehörigen Schwiegerkindern, 26 Enkeln und drei Urenkeln. Was hat sie nicht alles erlebt und gesehen in ihrem langen Leben, wie viel weiß sie und wie viel kann sie erzählen von früher, von ihren Reisen und von Orten, an denen ihr das Herz ganz weit geworden ist.

Obwohl meine Mutter nie einer Erwerbsarbeit nachgegangen ist, hat sie viele Berufe ausgeübt: Sie war Köchin, Konditorin, Näherin, Wäscherin, Schneiderin, Taxifahrerin, Psychotherapeutin, Krankenschwester, Nachhilfelehrerin und Managerin. Das alles war sie, und manches ist sie immer noch und wird sie wohl immer bleiben – denn sie ist Mutter. Und als Mutter geht man nie in Pension, Mutter (aber auch Vater) bleibt man ein Leben lang. Sie tröstet und unterweist, sie hilft und lebt in der Hoffnung (aber auch in der ständigen Sorge), dass es ihren Kindern und Kindeskindern wohl gut geht. Daran wird sich nichts ändern, weil es keine tiefere Bindung gibt als die zwischen einer Mutter und ihrem Kind.

Sie hat nie bedauert, ihr Französisch- und Geschichtestudium abgebrochen zu haben, um, der damaligen Zeit entsprechend, immer für uns Kinder da zu sein.

Vielleicht ist es ihr auch deshalb leicht gefallen, weil mein Vater sie nie spüren ließ, dass sie von ihm finanziell abhängig ist. Sie bekam – als Haushaltsvorstand – von ihm ein Wirtschaftsgeld und Gehalt ausbezahlt. Ihr größter Wunsch für das neue Lebensjahr ist seit fünf Jahren derselbe: „Ein Mal noch die Schneeglöckchen blühen sehen." Wenn ich ihr versichere, dass ihr Wunsch bestimmt in Erfüllung gehen werde (sieht man davon ab, dass niemand sagen kann, wann er gehen wird), bemüht sie die Volksweisheit: „Ein Junger kann, ein Alter muss."

Daran, liebe Mama, wollen wir nicht denken, sondern dir danken für das unvergessliche Märchen unserer Kindheit, in dem die Tage nicht durchreglementiert waren und man die Zeit vergaß. Und das immer noch hereinreicht in unser Leben.

Die hellen Tage unserer Kindheit sind mehr als ein paar unbeschwerte Jahre. Sie sind wie ein Mantel, der einen wärmt, wenn es kälter wird.

Im Glanz der Adventkerze

Was ich erzählen will, trug sich im Dezember 1956 zu. Damals hatten viele Menschen wenig zum Leben. Ich besuchte die erste Klasse der Volksschule, zusammen mit einem Buben, der stärker war als die anderen und der allen Furcht einflößte. Dazu trug auch sein Äußeres bei: die struppigen, ungewaschenen Haare, seine nachlässige Kleidung – und vor allem sein kalter, herzloser Blick.

Um seine Eltern rankten sich wilde Gerüchte. Sein Vater soll ihn oft, wenn er betrunken nach Hause kam, geschlagen haben. Trost fand er auch nicht bei der Mutter, die ihn einmal wegen einer schlechten Note angeherrscht hat: „Du Nichtsnutz, es wäre besser, wenn es dich gar nicht gäbe." Mit der Zeit war der bedauernswerte Bub völlig unempfindlich gegenüber menschlicher Zuwendung geworden. Ob er gelobt oder getadelt wurde – es schien für ihn keinen Unterschied zu machen. Von den anderen gemieden, stand er meist allein in den Pausen im Schulhof und starrte vor sich hin. Auch unsere Lehrerin, die sich anfangs um ihn bemühte, resignierte, als sie feststellen musste, dass er alle ihre Versuche höhnisch abblockte: Er, der Ausgestoßene, hatte plötzlich die Macht, ihr die Laune zu verderben.

Ein paar Tage vor dem ersten Adventsonntag sollten wir in der Klasse von unserem Adventkranz daheim erzählen. Welche Farbe die Kerzen hätten, und wie die Bänder beschaffen seien, und ob wir beim Binden mitgeholfen hätten. Als die Lehrerin den von uns gemiedenen Mitschüler zum Erzählen aufforderte, wurde es ganz still in der Klasse. Aber es kam kein Wort von ihm. Einige Zeit wartete sie, dann fragte sie leise: „Warum willst du uns nicht sagen, wie euer Adventkranz aussieht?"

Niemandem entging, wie der Angesprochene mit sich rang, ehe er in gepresstem Ton hervorstieß: „Weil wir kan hom!" Bevor die Lehrerin noch etwas sagen konnte, war er aus dem Klassenzimmer gestürmt. Bestürzt blickten wir ihm nach, da zerriss eine hohe Mädchenstimme die auf allen lastende Stille: „Wisst ihr was, wir schenken ihm einen Adventkranz!" Schnell kramte ein jeder ein paar Groschen hervor, und am nächsten Tag lag ein prächtiger Adventkranz auf der Bank des geächteten Mitschülers, der wie immer um ein paar Minuten zu spät in die Klasse kam.

Wir hatten das Licht ausgeschaltet, es war fast dunkel im Raum, nur die erste Kerze auf dem Kranz hatten wir angezündet. Gebannt blickten wir in die letzte Reihe.

Der Außenseiter schaute ungläubig zuerst auf die brennende Kerze, dann in unsere Gesichter. Eine Weile stand er so da, ehe er sich auf seinen Sessel fallen ließ. Seinen Kopf, den er auf die Bank gelegt hatte, versteckte er unter seinen Armen. Nur am Zucken seines Körpers erkannten wir, dass er weinte.

Niemand sprach ein Wort, aber wir alle spürten, dass eine unwiderstehliche, fremde Macht von ihm

Besitz ergriffen hatte. Dieser Augenblick bedeutete die Wende im Schicksal eines einsamen Buben, von dessen Herzen im Glanz der ersten Adventkerze alle Bitterkeit und Düsternis abgefallen waren.

Der Nikolo heisst Klemens

Ein Höhepunkt des Jahreskreises ist für unsere Familie der 6. Dezember. Diese Feiern, bei denen anfangs noch die Urgroßeltern dabei waren, sind unverzichtbare Bausteine schöner Erinnerungen.

Heuer glaubte ich, keinen Himmelsboten mehr engagieren zu müssen. Der Unmut der Kinder war einhellig und unüberhörbar. „Wir lassen uns unseren Nikolo nicht nehmen!" Ich tat so, als würde mich ihre Protestnote nicht betreffen, bis plötzlich Klemens aus dem Zimmer verschwand. Nach wenigen Minuten kehrte er wieder: Statt des goldenen Stabes umspannte seine linke Hand den Stiel eines Besens, auf seinem Kopf saß keine Bischofsmütze, sondern ein Sombrero, und anstelle des golddurchwirkten Ornats trug er einen weißen Bademantel.

Der exotische Heilige wurde stürmisch umjubelt, als er aus einer Kollegmappe vorzulesen begann: „Also fangen wir mit dem Vater an – was hab ich mir denn da aufgeschrieben?

Er soll nicht so viele Fußballspiele im Fernsehen anschauen, sondern lieber mit der Sophie „Siedler von Catan" spielen. Und die Mama soll bitte am Wochenende nicht schon um 11 Uhr mit dem Staubsaugen beginnen, damit die lieben Kinder einmal richtig ausschlafen können."

Genüsslich verteilte er Lob und Tadel unter seinen Brüdern und Schwestern. „Welchen Namen habe ich da unterstrichen: Nikolaus, meinen Namensvetter.

Kannst du nicht öfter die Mama anrufen, damit sie sich weniger Sorgen machen muss? Und der Benedikt könnt manchmal ein bisserl weniger grantig sein, gell? Und Jakob, es freut mich sehr, dass du mit dem SV Lebring noch kein Meisterschaftsspiel verloren hast, aber du musst halt auch ein bisserl an die Matura denken."

Als er mit all seinen Geschwistern fertig war, fragte Klemens, der – im Gegensatz zu seiner Schwester Antonia – sein Jusstudium ziemlich locker nimmt: „Ja, aber wo ist denn der brave Klemens? Wahrscheinlich ist er schon wieder in der Universitätsbibliothek und lernt für eine Prüfung. Richtet ihm bitte aus, dass ich mit ihm sehr zufrieden bin – aber ein bisserl besser soll er auf sich schon schauen. Nächstes Jahr, wenn ich wieder komme, würd ich mich jedenfalls sehr freuen, wenn er auch da wär."

Schnee der frühen Jahre

Als ich klein war, war mir der Winter immer lieber als der Sommer. Heute noch, 60 Jahre später, zählt der Augenblick zu meinen schönsten Erinnerungen, als ich – wie jeden Morgen – zur Balkontür lief und den Schnee sah, der über Nacht gefallen war. Mit dem Jubelruf „Es hat geschneit" weckte ich meine Geschwister, und dann standen wir da und staunten. Über der großen Wiese, die noch vor ein paar Stunden grün gewesen war, lag eine dicke weiße Decke, und das Balkongeländer hatte hohe Hauben bekommen. Hinter dem Haus brachten wir uns das Schifahren bei, ganz allein, ohne Eltern. Solange wir keine Kurve machen konnten, warfen wir uns am Ende des Hanges einfach in den Schnee. Am aufregendsten war es, über die selbst gebauten Schanzen zu hupfen. Mein Rekord von 3,5 Metern hielt viele Winter.

Damals wurde noch nicht mit Salz gestreut, und so gab es den hässlichen Matsch auf der Straße erst, wenn das Tauwetter (zwischen Weihnachten und Silvester) kam. Wir hofften, dass es nur kurz anhalten würde, und die langen Eiszapfen, die von den Dachrinnen hingen, nur ein wenig schrumpften.

Am lustigsten war es für uns, wenn wir uns mit ausgebreiteten Armen als „steife Mandln" nach hinten fallen ließen und der Schnee uns wie eine weiche Tuchent auffing.

Die Tage im Advent waren immer kalt, zweistellige Minusgrade keine Seltenheit. Auf dem Schulweg knirschte der Schnee, heute noch habe ich den Klang im Ohr, und unser Atem machte kleine Wolken. Sobald es schneite, hatte ich das Gefühl, die Zeit würde stillstehen, und ich wünschte mir, dass es nie aufhören sollte. Wenn es Nacht wurde, war es wirklich finster und still. Keine blinkenden Weihnachtsmänner und Lichterketten, keine weinseligen Glühweinstandln.

Ein paar Tage vor dem Fest stellten wir Kinder eine Kerze ins Fenster, damit das Christkind wohl ja unsere Briefe findet. Waren sie weg, begannen die schönsten und geheimnisvollsten Stunden des Jahres. Wir lebten in einem eigenartigen Widerspruch: Einerseits konnten wir den Heiligen Abend kaum erwarten, andererseits wollten wir, dass die Zeit der Vorfreude nie zu Ende gehen möge. Goldene Kindertage: immer noch da und doch namenlos fern.

Kein Winterponcho im Juli

Es gibt Gründe, zu Weihnachten das Schenken abzuschaffen. Das am häufigsten genannte Argument: Man weiß nicht, was man kaufen soll, weil die meisten eh alles haben. Auch zeitlose Geschenksideen verlieren ihren Reiz, wenn zu viele davon Gebrauch machen. Man freut sich über einen neuen Bademantel, aber nicht über drei.

Auch das Argument, dass nach dem 24. Dezember vieles im Abverkauf günstiger zu erstehen ist, wiegt schwer. Deshalb sind Gutscheine so beliebt. Sie haben auch den Vorteil, dass Enttäuschungen ausbleiben.

Jedes Jahr im Advent, wenn unsere Kinder den Vorschlag machen, die Zahl der Weihnachtsgeschenke zu reduzieren, wird meine Frau sehr melancholisch. Astrid ist nämlich ein Mensch, der gerne schenkt. Sie ist eigentlich das ganze Jahr über auf der Suche nach originellen Präsenten. Mit dem Entsorgen des Christbaumes beginnt für sie ein neues Geschenksjahr.

Sie durchkämmt im Sommer italienische oder griechische Wochenmärkte, immer mit dem Ziel, etwas Passendes für unsere Töchter und Söhne zu finden. Sie erspäht Dinge im obersten Regal ganz hinten, die mir niemals aufgefallen wären: Ohrstecker mit putzigen Seepferdchen, Fußbälle mit Weckfunktion, Kugelschreiber, mit denen man auch fotografieren kann. Etliche Geschenksideen bezieht sie auch aus (alternativen) Versandkatalogen, die sie sich zum Teil aus dem Ausland schicken lässt.

Während meine Kinder und ich noch am 23. Dezember durch Geschäftslokale hetzen, hat Astrid längst alles besorgt und liebevoll verpackt. Immer überrascht sie uns mit originellen Geschenkanhängern. Vor zwei Jahren waren die Päckchen mit kleinen goldenen Christbaumkugeln geschmückt, auf denen der Name des Beschenkten prangte, letztes Jahr mit einem lieblich lächelnden Engelpaar.

Für das heurige Fest hat sie schon alles besorgt. Ich bin schon sehr gespannt, was wir von ihr bekommen werden. Und was sie von mir bekommen wird.

Noch habe ich keine Ahnung. ich weiß nur, es war ein Fehler, dass ich den stark reduzierten Kaschmir-Poncho am Flughafen von Reykjavik nicht erstanden habe. Kurz habe ich damals überlegt, dann aber schnell mein Ansinnen als kindisch abgetan. Warum nur sollte ich ein Weihnachtsgeschenk im Sommerschlussverkauf Ende Juli kaufen? Wer macht das schon? Ich kenne keinen Menschen – bis auf einen.

BEI UNSEREM CHRISTBAUM
VERSTEHE ICH KEINEN SPASS

Im Grunde bin ich ein Mensch, der beispielsweise beim Kauf eines Autos keine genauen Vorstellungen hat, was es alles haben soll. Hubraumgröße und Zylinderanzahl sind mir ebenso egal wie Farbe und

Marke. Meine einzigen Vorgaben: Es soll wenig kosten und keinen Sprit verbrauchen. Ich bin keiner dieser Autofreaks, die sich bloß verchromter Spezialfelgen oder schwarzer Ledersitze wegen verrückt machen lassen.

Auch beim Erwerb eines neuen Eiskastens haben die Verkäufer leichtes Spiel mit mir: Ich achte nur darauf, dass er robust und somit extrem belastbar ist.

Nur einmal im Jahr bin ich zu keinen Kompromissen bereit und von geradezu kindischem Ehrgeiz – bei der Auswahl unseres Christbaumes. Da verstehe ich keinen Spaß.

Letztes Jahr begleitete mich mein alter Freund Egon, der kinderlos und allein lebt, auf meinem Streifzug. Aus taktischen Überlegungen gingen wir nicht sofort zu jenem Anbieter, bei dem ich die letzten zehn Jahre fündig geworden war, sondern sondierten erst das Areal. Wir entdeckten drei Bäume, die in die nähere Auswahl kamen, dann näherten wir uns dem Stand mit den meisten Fichten und Tannen.

Der Chef, ein Mann von gewaltiger Körperfülle, begrüßte mich wie einen alten Bekannten: „Brauch' ma wieda an schönen Baam, Herr Wöllnhof?"

Ich antwortete ihm beiläufig, dass ich mich eigentlich schon entschieden habe, aber aus alter Verbundenheit noch bei ihm vorbeischauen wollte.

Er präsentierte mir drei Tannen, alle auf den ersten Blick tadellos gewachsen.

Als ich jedoch genauer hinsah, war unschwer zu erkennen, dass sich beim ersten unter dem Wipfel eine gewaltige Lücke auftat. Der zweite kam wegen seiner Doppelspitze nicht infrage. Am dritten war nichts auszusetzen.

Während Egon jedoch ein viertes Mal den Baum umkreiste, fiel ihm auf, dass der Stamm doch ein wenig schief war. Er zog mich zur Seite und raunte mir zu: „Wenn du von rechts kommst und ihn von schräg unten anschaust, wirst du es sehen."

Ich wunderte mich, dass ich diesen Makel nicht selbst entdeckt hatte, und winkte bedauernd ab. Der Gewaltige blieb unbeeindruckt und zerrte aus einem Berg von Bäumen einen weiteren heraus. Zum Aufstellen brauchte er seinen Assistenten, so riesig war er, legte seine Messlatte an: drei Meter vierzig, ein wahres Prachtexemplar!

Egon warf ein, dass unser Zimmer nur 240 cm hoch sei. Er rate deshalb von einem Kauf dringend ab. „Und wenn ma'n oben und unten anfach an holb'n Meter wegschneidn?", fragte der Herr der Christbäume listig und griff zu einer Axt.

Als ich am 23. Dezember spät abends das Netz, das den Baum umspannte, durchschnitt, zerkratzte ein besonders mächtiger, vorschnellender Ast meine Stirn. Es war ein beeindruckendes Schauspiel: Die Zweige ragten so dicht und weit vom Stamm, dass das gesamte Zimmer von duftenden Tannennadeln erfüllt war. „So einen großen Baum hatten wir noch nie", sagte ich jubelnd zu Egon, der nickte und stumm zur Tür wies. Die ließ sich nämlich nicht mehr öffnen.

ITHER, DER ROTE RITTER

In zwei Tagen ist wieder Faschingdienstag. Ich mag ihn nicht. Vielleicht hat meine Abneigung mit zwei Begebenheiten zu tun. Die eine liegt mehr als 50 Jahre zurück. Ich war zum Faschingsfest eines Mitschülers eingeladen. Meine Mutter holte das Dirndl meiner älteren Schwester aus dem Kasten, dazu eine dicke Strumpfhose und einen roten Hut meiner Großmutter und erklärte mir unmissverständlich: „Du gehst als Rotkäppchen."

Es war zweifellos die kostengünstigste Kostümierung. Ein Foto hält mein unermessliches Unbehagen fest: die rechte Hand, in der ich einen Korb halte, im rechten Winkel weggespreizt, die linke an der Strumpfhose zupfend, den Blick kläglich zu Boden gerichtet.

Besonders grässlich habe ich diese bräunlich-grau-violette Strumpfhose in Erinnerung, weil sie furchtbar kratzte. Heute noch bewundere ich meine Schwester dafür, dass sie sie damals offensichtlich anstandslos getragen hat.

Die zweite Begebenheit betrifft meinen ältesten Sohn, der mit acht Jahren ein großer Pumuckl-Fan war. Also wollte er sich für das Faschingsfest in der Pfarre als kauziger Kobold verkleiden. Astrid nähte liebevoll eine grüne Hose und ein gelbes T-Shirt. Er sah wirklich wie Pumuckl aus mit seinen kunstvoll zerzausten, rot eingefärbten Haaren.

Glücklich lief er zum Pfarrhof, aus dem er aber wenig später weinend und wütend zurückkam. Alle anderen Buben waren entweder Cowboys oder Ritter oder Polizisten, alle hatten eine Waffe in der Hand und zumindest eine zweite im Gürtel. Nur er nicht.

Verzweifelt kramte er in unserer großen Verkleidungskiste, fand eine Ritterrüstung und lief wieder zurück, grimmig ein Plastikschwert über seinem Kopf schwingend. Er stürzte in die bunte Runde und schrie: „Ich bin Ither, der rote Ritter."

Seine Mitschüler zeigten sich völlig unbeeindruckt, weil niemand die germanische Heldensage Parzifal kannte. Sie lachten und höhnten: „Einen roten Ritter gibt's ja gar nicht."

Als Dominik sich ein Jahr später als schwer bewaffneter Bankräuber auf den Weg machte, hatte er seinen traurigen Pumuckl-Auftritt schon längst vergessen. Trotzdem: Von mir aus könnte man den Fasching einfach abschaffen.

„Ich will kein Kind mehr sein!"

Die Zeiten, in denen unsere Kinder noch von der Existenz eines Osterhasen überzeugt waren, sind leider lange vorbei. Viele Jahre hielten sie es für möglich, dass Hasen bunte Eier legen; auch dann noch, als altkluge Mitschüler in der Volksschule ihnen weismachen wollten, dass es gar keinen Osterhasen gibt.

Ich weiß noch gut, als Anna aus der Schule nach Hause gelaufen kam und loslegte: „Weißt du, was meine Freundinnen behaupten? Dass es gar keinen Osterhasen gibt. Sie haben gesagt, dass bei ihnen der Vater die Sachen im Garten versteckt. So was Blödes, ich kann mich so aufregen. Ich hab ihnen jedenfalls gesagt, dass es bei uns nicht so ist. Zu uns kommt der Osterhase. Denn du weißt ja auch oft nicht, wo die Sachen sind. Kannst du dich noch erinnern, wie wir tagelang das Schokoladenlämmchen gesucht und nicht gefunden haben? Auch der Opapa ist damals auf allen vieren durchs Wohnzimmer gekrochen. Das hat sehr lustig ausgeschaut. Nicht einmal die Mama, die damals noch unsere Zimmer gesaugt hat, hat es aufgespürt. Die Sophie, ich glaub, sie war noch nicht einmal zwei, hat das Lämmchen dann im September unter dem Stockbett entdeckt und sofort aufgegessen. Aber wie ist es bei uns? Machst du auch alles?"

Als ich Anna nach längerem Zögern schweren Herzens gestand, dass ich der Osterhase bin, stand das kleine Mädchen wie versteinert da. Anna rannte so schnell, wie ich sie noch nie laufen gesehen hatte, weg von mir. Ihren Namen rufend, suchte ich sie überall im Haus – keine Anna, nirgendwo. Im Garten schließlich fand ich sie. Sie lag, zusammengerollt wie unser schwarzer Kater, im Schatten des prachtvoll blühenden Kirschbaumes unter der Gartenlaube und weinte bitterlich.

Ich nahm sie in meine Arme und wollte sie trösten, doch sie sagte mit dem großen Ernst kleiner Kinder: „Bitte, Papa, sag jetzt gar nix mehr. Du machst sonst alles nur noch schlimmer. Ich weiß jedenfalls, dass für mich kein Osterfest mehr so schön sein wird, wie es einmal war, weil der ganze Zauber verschwunden ist. Er ist einfach nicht mehr da. Ich kann mich, glaub ich, nie wieder richtig auf Ostern freuen. Verstehst du das, Papa? Ich will kein Kind mehr sein, sondern schon so alt wie du. Denn wenn man erwachsen ist, erlebt man, glaube ich, keine Wunder mehr."

Selten habe ich mich als Vater so ratlos, so hilflos gefühlt wie damals auf der Bank unter dem Kirschbaum. Was hätte ich meiner Tochter antworten, wie sie trösten können? Sie hatte begriffen, dass sie ein Stück über ihre Kindheit hinausgewachsen war. Eine Tür, hinter der es noch Geheimnisse und Wunder gab, war für immer zugefallen.

Seitdem sind viele Osterfeste vergangen, der Kirschbaum ist längst umgehauen und die Gartenbank morsch geworden.

Auch wenn Anna kein kleines Mädchen mehr ist, sondern in wenigen Wochen 20, wird sie sich auch heute wieder brav auf die Suche nach Ostereiern machen, die ich an altbekannten und neu ausgedachten Orten platziert habe. Ich glaube, sie tut es mir zuliebe.

COMEBACK DES SANDKÜBERLS

Erstaunlich lange konnte ich meine Kinder von der Existenz eines Osterhasen überzeugen. Dann gab es eine Zeit, da glaubten sie mir zuliebe, dass es ihn tatsächlich gäbe und in Wahrheit nicht ich der Osterhase wäre.

Seit geraumer Zeit jedoch ist unser Nachwuchs in einem Alter, in dem letzte Zweifel unangebracht sind. Hielte meine jüngste Tochter (16) immer noch daran fest, dass sie ein einziges Mal wirklich den Osterhasen mit seinem Wägelchen durch den Garten hoppeln gesehen habe, würde sie innerfamiliär, aber auch in ihrem Freundeskreis auf Unverständnis stoßen.

Das soll nicht sein. Dennoch will ich als Osterhase nicht in den Ruhestand treten, auch wenn ich von Jakob freundlich dazu aufgefordert wurde: „Papa, heuer musst du wirklich nichts mehr verstecken. Mach dir einen schönen Abend."

Eigenartig: Je älter die Söhne wurden, desto mühsamer war es für sie, die lieblich daliegenden Schokoladelämmchen aufzuspüren und auf dem großen Tisch in einer langen Reihe aufzulegen.

Aber kann man ein lieb gewordenes Ritual, mit dem so viele unvergessliche Erinnerungen verknüpft sind, einfach weglegen wie einen alten Mantel? Obwohl mehr als ein halbes Jahrhundert vergangen ist, ist mir der abendliche Spaziergang am Karsamstag immer noch präsent – wie meine Geschwister und ich mit den Eltern die Osterfeuer zählten, die von Hang und Hügel herübergrüßten, in Wiesen und Gärten. So hell schienen die Feuer, dass rundum alles verblasste und versank.

Oder Erinnerungen wie diese: Benedikt, damals drei Jahre alt, kennt seit kurzem die Farben – Gelb hat er am liebsten. So hofft er, dass der Osterhase ihm ein gelbes Sandspielzeug bringen wird. Auf jede derartige Erwähnung reagiert sein um ein Jahr älterer Bruder Dominik mit subtiler Bosheit: „Weißt, leider hat der Osterhase keine gelben Sandküberln, aber ein weißes wird er dir bringen. Magst du ein weißes auch?" Darauf Benedikt, der Friedfertige, jedes Mal dunkel: „Ja, ein weißes auch ..." Die Sandküberln, die lange unverzichtbarer Bestand der Ostergaben waren, sind in Vergessenheit geraten. Heute freilich geben sie ihr glanzvolles Comeback. Für meinen Enkel Daniel. Und für den Osterhasen.

Plötzlich war alles anders

Liebe Kinder! Vor wenigen Wochen habt ihr an meinem Geburtstag Udo Jürgens' Hit „Mit 66 Jahren, da fängt das Leben an" angestimmt. Mein Vaterleben hat 33 Jahre früher begonnen – mit deiner Geburt, Dominik.

Damals wurde von einem Tag auf den anderen alles ganz anders. Ich war nicht mehr allein für mein Leben verantwortlich, sondern auch für das eines winzigen, hilflosen Menschen. Als Lehrer bin ich vor knapp zwei Jahren in Pension gegangen, ein Vater (und noch viel mehr eine Mutter) tritt nie in den Ruhestand.

Ich weiß nicht so gut, welcher Vater ich geworden bin, aber ich weiß genau, welcher ich gerne geworden wäre: einer, der allen seinen Kindern in gleichem Maß gerecht wird. Das ist deshalb so schwierig, weil ihr alle so unterschiedlich seid. Ich glaube, dass demjenigen mehr Zeit gebührt, dem es gerade nicht so gut geht.

Als ihr klein wart, habe ich euch vieles gezeigt:

zum Beispiel, wie man mit einem Rad fährt oder einen Ball fängt oder sich die Schuhbänder bindet. Ich habe euch auf die großen und kleinen Wunder des Lebens aufmerksam gemacht: wie lautlos ein Bussard fliegt oder dass sich ein Igel zusammenrollt, wenn ihm Gefahr droht.

Heute ist es umgekehrt, heute lerne ich von euch. Wenn du, Dominik, aus deinem Alltag als Lehrer in einer Schule erzählst, in der 80 % der Kinder einen Migrationshintergrund haben. Wenn du, Donatien, nicht aufgibst, deinen Traum von einer eigenen Kaffeeplantage zu verfolgen. Wenn ihr, Benedikt und Nikolaus, euch immer wieder mit euren Geschäftspartnern arrangieren müsst. Wenn du, Antonia, in unseren Konversationsstunden mein dürftiges Schulenglisch ein wenig auffrischst oder du, Klemens, mir geduldig die Griffe auf deiner Ukulele beibringst.

Oder du, Anna, mir Nachhilfe gibst, wie man mit seinem Handy ein SMS verfasst. Dir, Jakob, verdanke ich die neuesten Erkenntnisse der Fußballtaktik: die Vorteile einer abkippenden Sechs und die Nachteile einer Raute. Und dir, Sophie, das Bewusstsein dafür, dass Tiere Geschöpfe Gottes sind und leiden wie wir Menschen.

Heute wünsche ich mir nichts von euch – und zugleich doch unendlich viel: dass alles so bleibt und es noch lange so weitergeht.

MEIN VATERBILD

Die Vaterschaft unterliegt einem ständigen Wandel. Heute gibt es eine Vielzahl von Vaterbildern, die stark voneinander abweichen. Das schafft Verunsicherung, manchmal auch Ratlosigkeit. Manche meinen, es habe sich bei den Vätern in den letzten Jahren nicht viel verändert. „Männer werden – von Ausnahmen abgesehen – nie die Hälfte der Familien- und Hausarbeit übernehmen. Auch per Gesetz lässt sich das nicht regeln", schrieb mir unlängst eine Leserin. Und fügte resignierend hinzu: Männer ändere man nicht.

Als ich ein Kind war, hatte ich von meinem Vater ein klares, unverrückbares Bild. Auch wenn er oft erst spätabends nach Hause kam, war er nicht abwesend. Die Mutter war, wie das der damaligen Zeit entsprach, für die Erziehung zuständig: Wir Kinder lernten, dass man anderen nicht ins Wort fallen durfte und so lange mit dem Aufstehen warten musste, bis alle mit der Mahlzeit fertig waren. Und dass man dankbar für das Essen sein musste und nichts wegwerfen durfte und die Jungen zuerst die Älteren zu grüßen haben – und nicht umgekehrt.

Nie hätte sich mein Vater in die Niederungen des – oft mühseligen – Erziehungsalltags hinabbegeben. Er hatte in der Familie eine andere Aufgabe zu erfüllen. Er war eine Art letzte Instanz. Er stand auf keinem Sockel, war aber eine von allen akzeptierte Autorität, die sich auch darin zeigte, dass er uns Kindern seine eigene Lebensanschauung nahe brachte, seine Überzeugungen nie versteckte.

Er ist seinen drei Söhnen und zwei Töchtern in vielem ein Vorbild gewesen: in seiner Fürsorge und Ritterlichkeit unserer Mutter gegenüber, in seiner Güte und Großzügigkeit im Umgang mit uns Kindern. Seine Biographie hat uns gelehrt, dass Leid auch bereichernd und Glück sehr zerbrechlich sein kann.

Das Kostbarste, das ich von meinem Vater geschenkt bekommen habe, ist jedoch das Vertrauen ins Leben. Ich hatte immer das Gefühl, dass ich auf seinen Schutz rechnen konnte, was immer auch geschah.

Ich weiß nicht genau, welches Vaterbild meine Kinder von mir haben. Aber sie sollen wissen, dass ich immer für sie da bin. Ein Leben lang.

Mit Haut und Haaren

Lieber Dominik! Herzlichen Glückwunsch zum Vatertag! An meinen ersten kann ich mich noch gut erinnern, obwohl er 30 Jahre zurückliegt. Damals waren wir nur zu dritt: die Mama, du und ich. Auf dem Geschenktisch lagen zwei Kinderbücher:

„Die kleine Raupe Nimmersatt" und „Das Lumpen-kasperle". Viele, viele Male habe ich dir die beiden Geschichten vorgelesen, immer wieder wolltest du sie hören, auch dann noch, als du sie schon längst auswendig gekonnt hast.

Mein erster Vatertag zählt zu den glücklichsten Tagen in meinem Leben. Du lagst als kleiner Prinz in der Wiege, und wir standen daneben, stolz und froh und dankbar dafür, dass jeder Tag neues Glück brachte.

Kleine Kinder sind große Wunder, die letzten, die wir noch haben in einer Welt, in der es keine Geheimnisse geben darf und in der für alles nach einer Erklärung gesucht wird. Aber die Liebe zu seinem Kind kann man nicht erklären. Jeder Vater kann sie nur selbst erfahren, und jeder erfährt sie auf eigene Weise.

Du bist ein Vater, der sich mit Haut und Haaren seinem Sohn verschrieben hat. Wie stolz du deinen kleinen Daniel ansiehst, wie vorsichtig du ihn in die Luft wirfst und wieder auffängst, wie sanft du ihn in den Schlaf wiegst! Mit allem, was und wie du es tust, signalisierst du: Mein Sohn ist das Wertvollste in meinem Leben. Ich werde immer für ihn da sein, mit ihm alles teilen: Freude und Leid, Triumphe und Enttäuschungen, Mut und Angst, Lachen und Weinen.

Du wirst ihm erklären, wie man das große Piratenschiff zusammenbaut und auf einer Gitarre spielt. Du wirst mit ihm eine Polsterschlacht machen und ihm zeigen, dass man einen Kirschkern sehr weit spucken kann.

In deinen ersten Monaten als Vater hast du erfahren, dass dein Kind auf dich angewiesen ist. Du wirst von ihm alle Gefahren abwehren und es ein Leben lang beschützen wollen, was immer geschieht.

Indem dein kleiner Sohn dir, seinem Vater, bedingungslos vertrauen kann, bekommt er das Wichtigste, was du ihm schenken kannst: das Vertrauen ins Leben. In sein Leben, das er nach seinem Willen und seinen Vorstellungen führen wird. Irgendwann einmal. Bis es soweit ist, bleibt euch – Gott sei Dank – noch viel Zeit.

DIE LUST AM LEBEN

Ich hoffe, er nimmt es mir nicht übel, dass ich über ihn schreibe. Lob und Bewunderung sind ihm unangenehm. Für meine Kinder ist ihr Großvater längst eine Legende, mir ein großes Vorbild.

Ich kenne niemanden, der so dankbar ist für jeden Tag, den er erleben darf. Auf meine Frage, ob es ihm gut gehe, antwortet er immer gleich: „Mit geht es nicht gut. Mir geht es hervorragend."

Er, der auf der ganzen Welt viel Leid gesehen und

viel Gutes (z. B. Transporte von alten Rettungsautos und Zahnarztstühlen nach Rumänien) getan hat, ist überzeugt: „In Österreich leben wir im Schlaraffenland."

Wenn andere wieder einmal über das wechselhafte Wetter raunzen, sagt er: „Mir ist es ganz egal, ob es regnet oder heiß ist, Hauptsache, ich bin über und nicht unter der Erde."

Mein Schwiegervater will aus dem Leben so viel wie möglich herausholen. Er kann nicht herumsitzen und auf den Tod warten. „Wenn ich 100 bin, werde ich mir Gedanken machen, dass mein Leben ein Ende hat. Aber doch noch nicht mit 87."

Als er Erfan, einen jungen Iraner, der aus Glaubensgründen aus Teheran geflohen ist und jetzt bei uns wohnt, zum ersten Mal traf, umarmte er ihn kräftig. Zog einen kleinen Pappkarton mit den Namen seiner 15 Enkelkinder aus der Hosentasche, fügte Erfans Namen hinzu und drückte ihm 15 Euro in die Hand: „Das ist das Taschengeld für den Oktober." Seither bekommt Erfan – wie alle anderen – Taschengeld. Wenn eines unserer Kinder im Ausland studiert, gibt es die so genannte Auslandszulage. Unser jüngster Sohn gab zu bedenken, dass Erfan diese eigentlich zustünde. Mein Schwiegervater überlegte kurz und sagte dann: „Für Erfan ist Österreich nicht Ausland, sondern jetzt Heimat."

Für Opapa ist das Leben, am liebsten im Kreise seiner großen Familie, ein Fest: Er feiert gerne, isst

und trinkt manchmal mehr, als der Doktor empfiehlt. Vom ärztlichen Standpunkt lebt er nicht wirklich gesund – und dennoch scheint ihm nichts zu
fehlen. Ich glaube, die wichtigste Medizin, wichtiger
als alle Tabletten, die man im Alter verschrieben bekommt, ist die Lust am Leben. Und die nimmt mein
Schwiegervater täglich in ganz hoher Dosis zu sich.

KEIN GENDERN FÜR HUNDE

Fehleinkauf Mademoiselle

An die Zeit ohne Haustiere habe ich nur eine vage Erinnerung. Ich weiß nur, dass unsere jüngste Tochter noch nicht geboren war. Mit ihr haben liebe Tiere in unserem Haus Einzug gehalten. Anfangs wollte sie eigentlich nur einen kleinen Hund haben. Derzeit umfasst unser Tierbestand außerdem vier Zwergkaninchen und drei Katzen. Ob noch weitere dazukommen, hängt in erster Linie von Sophie ab. Mein Bedarf an Haustieren ist, ehrlich gesagt, gedeckt, aber da meine kleine Tochter ein großes Herz für Tiere in Not hat, könnte unsere muntere Tierfamilie durchaus noch Zuwachs bekommen.

Wenn ich für unsere Tiere Sympathiepunkte vergeben müsste, erhielten die Zwergkaninchen am wenigsten. Es mag an mir liegen, aber die kleinen Nager bleiben mir nach wie vor seltsam fremd. Mein Kontakt mit ihnen beschränkt sich darauf, dass ich Heu besorge oder welke Salatblätter und Karottenschalen in einer Schüssel sammle. Auf dem Eiskasten hängt eine genaue Liste, was Hasen essen sollen (Brokkoli und Gurken z. B.), was eher zu meiden (Erbsen, Mais) und was absolut tödlich ist (Erdäpfel!!!).

Von der Katzengruppe bekomme ich vorläufig eine nahezu nie zu Gesicht: Mademoiselle, unseren Neuzugang. Sie zieht sich vor den anderen Tieren in

Sophies Zimmer im Keller zurück und braucht deshalb umso mehr menschliche Zuneigung. Meine Söhne bezeichnen sie als „Fehleinkauf" und verweisen auf das Beispiel des ghanaischen Fußballprofis Charles Amoah, der in der goldenen Sturm-Ära um die Rekordsumme von ca. 4 Millionen Euro von St. Gallen erworben wurde, jedoch den hochgesteckten Erwartungen nie entsprechen konnte. (Der Vergleich hinkt allerdings stark, da für Mademoiselle keine Transfersumme ausgelegt werden musste.)

Unsere Töchter sehen die Sache ganz anders. Sie kuscheln mit Mademoiselle immer wieder im Bett und erklären, dass sie von allen Tieren am anschmiegsamsten und dankbarsten sei. Ich kann dazu nichts sagen, da ich mein Bett gegen noch so putzige Eindringlinge mit Zähnen und Klauen verteidige. Das elterliche Schlafzimmer ist tierfreie Zone, was mich innerfamiliär ein wenig isoliert. Leider.

MEINE NEUEN FREUNDE

Lange Zeit zählte Zizou, ein unfassbar fetter Kater mit schwarz-weißem Fell, zu den Favoriten unter unseren Haustieren. Seine gewaltige Leibesfülle verdankt er dem Umstand, dass er zwei Zuhause hat: unseres und das des Nachbarn gegenüber. Mit natürlicher Würde schreitet er von Futternapf zu Futternapf.

Unlängst lernte ich ihn allerdings von einer ganz anderen Seite kennen: Er sprang, wie von einem Dämon getrieben, vom Tisch auf das Fensterbrett, dann auf den Kasten, von dort mit einem gewaltigen Satz auf meinen Brustkorb und schließlich zu Boden. Seither ist er mir nicht mehr ganz geheuer.

Meine Nummer Eins bleibt unsere Hündin Happy. Sie ist nicht geheimnisvoll oder rätselhaft, sondern freut sich, wenn sie mich sieht, und ist traurig, wenn ich nicht in ihrer Nähe bin. Kann man von einem Tier mehr verlangen?

In den letzten Wochen habe ich ein paar Freunde dazugewonnen, die nicht auf unserer kleinen Liegenschaft wohnen, mir aber dennoch schon sehr vertraut sind: Es sind Frösche, die immer, wenn es Nacht wird, ihre Stimme erheben. Sie leben in einem kleinen Biotop auf der anderen Seite der Straße.

Jeden Abend lausche ich in die Stille hinein und freue mich, wenn ich sie höre. Ihr Gesang klingt wie eine ferne Melodie, die herweht aus vergangenen Zeiten: Unsere Kinder sind klein, einige noch gar nicht in der Schule. Auf der Fahrt zum Wochenendhaus meiner Schwiegereltern kommen wir durch ein Waldstück, in dem Dutzende Kröten unseren Weg queren. Ich muss stehen bleiben, weil meine

Kinder aussteigen wollen. Erst nachdem sie alle Amphibien in Sicherheit gebracht haben, darf ich weiterfahren. Tags darauf nageln sie ein großes Plakat an einen Baum: „Achtung, Frösche!"

In Brehms wunderbarem Tierlexikon heißt es: „Heiser krächzt der eine, volltönend ruft der andere; heuschreckenartig zirpt dieser, rindsähnlich brüllt jener; in einzelnen, abgebrochenen Tönen lässt sich die Unke, in wechselvollem Liede der Teichfrosch vernehmen."

Mir ist nicht bekannt, dass es einen „Freundeskreis der Frösche" gibt. Ich würde ihm gerne beitreten. So aber bleibt mir nur die Hoffnung, dass mich ihr Gesang noch viele Jahre begleitet.

Auch Tiere können weinen

Von meinen Kindern weiß nur meine jüngste Tochter mit Sicherheit, was sie einmal werden will: Tierärztin! Diesen Wunsch hatte sie schon in der Volksschule, und er hat sich verfestigt, seit sie nun schon mehr als zwei Jahre jedes Wochenende ihre Tante, die eine Tierklinik hat, besucht und ihr zur Hand geht.

In ihrer Tante hat Sophie die beste Lehrmeisterin. Sie lernt, wie man einen Hund kastriert, eine Katze impft, einem Pferd die Temperatur misst, aber auch, wie man einen Medikamentenschrank verwaltet, einen Stall ausmistet oder eine Blutzentrifuge bedient. Vieles kann man lernen, eines jedoch, glaube ich, nicht: die Liebe zu Tieren. Sie ist ein Geschenk, das einem in die Wiege gelegt wird.

Meine kleine Tochter hat ein großes Herz für alle Tiere. Letzte Woche feierte sie ein für sie besonderes Jubiläum: Es ist nun sechs Jahre her, dass sie kein Fleisch (und auch keine Lebensmittel, die Gelatine enthalten) mehr isst und keine Produkte aus Leder trägt. Sie kontrolliert, ob ich wohl Freilandeier gekauft habe, und rügt mich sanft, wenn ich im Winter Erdbeeren aus Spanien (sie waren leider so günstig) nach Hause bringe. Sie mag keine Milch mehr trinken, weil sie nicht mitverantwortlich sein will für die Zucht von „Turbokühen".

Mit bewundernswerter Gelassenheit ignorierte sie den leisen Spott ihrer Brüder, die sich anfangs über ihre ausgeprägte Tierliebe lustig machten. Aber in letzter Zeit sind sie verstummt, weil sie eingesehen haben, wie wichtig ihrer Schwester dieses Thema ist. „Weißt du, Papa, dass es in vielem gar keinen Unterschied zwischen Tier und Mensch gibt? Wir beide haben Schmerzen, wenn man uns quält, wir werden krank, wenn wir ohne Nahrung und Licht zusammengepfercht leben müssen, wir schrecken uns, wenn man uns einsperrt, und wir sind außer uns vor Angst, wenn man uns umbringen

will. Tiere leiden wie Menschen, auch Tiere können weinen, glaub ich, und trotzdem haben viele
nur Mitleid mit den Menschen und mit den Tieren
nicht. Findest du das nicht sehr ungerecht?", fragte
sie mich unlängst.

Was sollte, konnte ich meiner Tochter antworten? Dass sie in allem recht hat, ich aber weiterhin
gedankenlos in die Kühlregale greifen werde, um
in Plastik verschweißte Hühner- oder Schweineteile (wenigstens mit dem Bio-Gütesiegel) in mein
Einkaufswagerl zu legen?

„Weißt du, was ich mir wünschen würde?", fährt
Sophie fort. „Dass wir einmal in einer Welt leben, in
der auch Tiere Rechte haben. In einer Welt, in der
Massentierhaltung verboten ist, weil wir Menschen
eingesehen haben, dass Schweine nicht auf die Welt
kommen, nur um als Schlachtvieh zu enden. Ich
möchte in einer Welt leben, in der kein Tierarzt im
Schlachthof gebraucht wird, weil es keinen mehr
gibt. Und ich möchte in einer Welt leben, in der es
ganz normal ist, dass Tiere unsere Mitgeschöpfe
sind, die ein Recht haben, glücklich zu leben. Sie
brauchen ja nicht viel: Sie wollen den Regen und
die Sonne und den Wind spüren wie wir und keine
Angst haben."

Kein Gendern für Hunde

Während Sophie alle unsere Haustiere gleich lieb hat, gibt es für mich ein klares Ranking. Die Nager spielen wegen völliger Teilnahmslosigkeit für mich keine Rolle. Auch für Zizou reicht es nicht für den Spitzenplatz, obwohl er nach meinem großen Fußballidol Zinedine „Zizou" Zidane benannt ist. Gegen unseren schwarz-weiß-gefleckten Kater empfinde ich immer einen leichten Groll. Er ist das intelligenteste unserer Haustiere, aber zugleich auch das egoistischste. Mir scheint, es geht ihm nur ums Fressen - wie auch Simba, dem Dienstältesten der Katzengang. Mir war wirklich nicht bewusst, dass Katzen so viel fressen können. (Mir war es allerdings auch im Fall pubertierender Söhne nicht bewusst.)

Meine klare Nummer 1 unserer Haustiere ist die Hündin Happy. Am besten gefällt mir ihre Freude, wenn sie anlässlich der vielen Geburtstage in unserer Familie laut jaulend und auf- und niederspringend in die ein wenig kakophon dargebrachte Melodie von „Happy birthday to you" einstimmt in der Annahme, der Gesang gelte ihr.

Sooft ich nach ein paar Tagen der Abwesenheit nach Hause komme, registrieren die Katzen meine Heimkehr mit schläfriger Gelassenheit. Wie anders verhält sich die kleine Hündin! Sie umtanzt mich in grenzenloser Wiedersehensfreude. Natürlich ist es übertrieben, aber ich habe das Gefühl, als würde Happy jedes Mal vor Glück weinen. Und wie gut kann ich mir in ihrer Gegenwart allfälligen Ärger von der Seele reden! Es genügt, wenn sie vor meinen Füßen liegt, ich ihr das Fell kraule und mit ihr rede: „Ja, du bist halt kein falscher Hund."

Auch wenn Happy die menschliche Sprache fehlt, sieht sie mich an mit einem Blick, der mir signalisiert: „Ja, ich weiß, was du meinst."

Übrigens: Mit der mitleidvollen Bezeichnung „armer Hund" meint man viel seltener einen Vierbeiner als einen auf zwei Beinen sich durchs Leben schlagenden armen Schlucker. Im Zeitalter des Gender-korrekten Sprachgebrauchs müsste es eigentlich auch eine „arme Hündin" geben – als Synonym für eine bedauernswerte Frau. Die „arme Hündin" gibt es aber (noch?) nicht.

„Armer Hund": ein letztes Zeugnis finsterer männlicher Vorherrschaft.

CROCODILUS NILOTICUS

Auch unter leidenschaftlichen Tierfreunden dürfte es nur ganz wenige geben, die ein Gefühl besonderer Zuneigung zu einem Krokodil verbindet. Zu den ganz wenigen zählte mein Vater. Sein Lieblingstier war ein Krokodil – kein bedrohlich im Nil lauerndes, sondern ein ausgestopftes, mit der Beschriftung: „Crocodilus niloticus. Nilkrokodil. Mai 1911, südlich von Faschoda. Sudan. Gewidmet von Graf von Herberstein und Proskau."

Ich machte erstmals mit ihm Bekanntschaft, als ich nach erfolgreich bestandener Aufnahmsprüfung 1960 ins Akademische Gymnasium eintrat. An einem meiner ersten Schultage als Primaner zeigte mir mein Vater die Riesenechse, die im Parterre über der Tür des Naturhistorischen Kabinetts hing. Riesenechse ist stark übertrieben, da das Exponat kaum drei Meter lang sein dürfte.

Sein Geburtsdatum lässt sich für den Laien nicht feststellen, sein Todesjahr ist auf einem kleinen Schild eingraviert: Mai 1911. Es befand sich am Tage seiner Ausstopfung noch gewissermaßen im schulpflichtigen Krokodilalter – eine Vermutung, die seinem Stifter das Zeugnis feinen Stilgefühls ausstellt, da er seine Trophäe einer Schule widmete.

In dem halben Jahrhundert, seit ich dieses Krokodil kenne, hat sich die Welt stärker verändert als in drei Jahrhunderten zuvor. Juri Gagarin umrundete als erster Mensch im Weltraum die Erde, Martin Cooper erfand das Handy und in Tschernobyl gab es einen Super-GAU. Im „Akademischen" wurde aus dem Turnsaal eine Bibliothek und aus einem Klassenraum ein Sprachlabor. Und das Sprachlabor verschwand wieder, dafür kamen zwei Informatiksäle dazu. In den Klassenzimmern wurden die Bildnisse der amtierenden Bundespräsidenten auf- und wieder abgehängt: Auf Adolf Schärf folgte Franz Jonas, auf diesen Rudolf Kirchschläger. Die Herren blickten ernst oder lächelnd auf das durch Gänge und Klassen wogende „Schülermaterial".

Die Liebe meines Vaters zu diesem ausgestopf- ten Nilkrokodil ist auf mich übergegangen. Wie oft habe ich als Erstklassler bei ihm vorbeigeschaut, und jetzt als altgedienter Lehrer mache ich täg- lich den kleinen Umweg ins Parterre, um dem in unverstaubter Frische die Zähne zeigenden Kroko- dilfreund den Respekt zu erweisen.

Allen meinen Kindern habe ich das Krokodil ge- zeigt. Und ich hoffe sehr, dass es noch unversehrt an der Wand hängen wird, wenn ich einmal mit mei- nem Enkerl unter ihm stehen und zu ihm hinauf- deuten werde: „Siehst du, vor ganz langer Zeit hat dein Urgroßvater schon zu ihm hinaufgeschaut. Das ist jetzt mehr als 100 Jahre her. Dann ich, dein Groß- vater. Dann dein Vater. Und jetzt stehst du da. Ganz viel hat sich in den mehr als 100 Jahren verändert! Nur mein Krokodilfreund hängt immer noch an derselben Stelle. Und ich hoffe sehr, er bleibt noch lange hier." Die ausgestopfte Riesenechse ist mehr als ein Stück Schulgeschichte. Sie ist ein wichtiger Bestand meiner Familienchronik, steht sie doch für eine Generationen übergreifende Verbundenheit.

„Was frisst sie denn jetzt?"

Unlängst musste ausnahmsweise ich mit unserer Happy spazieren gehen. Unterwegs knüllte ich mit wachsender Unruhe das von meiner Frau vorbereitete „Sackerl fürs Gackerl" in meiner Hosentasche in der Hoffnung, dass mir sein Einsatz bei diesem Spaziergang erspart bleiben möge.

Happy trippelte anstellig neben mir her, düngte von Zeit zu Zeit einen Löwenzahn am Wegesrand und war augenscheinlich guter Dinge.

Da sah ich in einiger Entfernung eine Dame mit einem winzigen, laut bellenden Pinscher herankommen. Das Paar steuerte auf uns zu, und die mir gänzlich unbekannte Frau bückte sich nieder und begrüßte wortreich lediglich unseren Hund, als hätte ich mich kurzfristig entmaterialisiert: „Ja hallo, Happy, ist das schön, das wir dich treffen! Meine Güte, wie schlank du geworden bist! Du musst ja ordentlich abgenommen haben." Und an ihren eigenen Kläffer gewandt: „Was sagst du, Bertram, ist die Happy nicht ganz schlank geworden? Das war ja auch höchste Zeit – bei ihrem Herzfehler!" Und wieder zu Happy, mit vor Begeisterung sich überschlagender Stimme: „Wie hast du denn das in so kurzer Zeit geschafft? Das tät dem Bertram nämlich auch gut... Was wiegst du denn jetzt eigentlich? Ich schätz, nicht mehr als sieben Kilo..."

In der jähen Erkenntnis, dass von Happy wohl keine zufriedenstellende Antwort zu erwarten war, drehte sich die fremde Hundehalterin abrupt zu mir, der ich gerade mit der Frage beschäftigt war, was jemanden dazu bewegen könnte, seinen Hund Bertram zu nennen: „Was kriegst sie denn jetzt eigentlich zu fressen?"

Da mir weder bewusst war, dass unser Tier offenbar unter Gewichtsproblemen gelitten hatte, und ich schon gar nicht zu sagen vermochte, wie unsere bevorzugte Futtermarke heißt, war ich zu einer konstruktiven Antwort genauso wenig imstande.

Aus meiner Verlegenheit befreiten mich Happy und Bertram, die ihre Leinen zu einem Knäuel verwickelt hatten. Fröhlich lachend entwirrte sie Frau Bertram, ich blickte erschrocken auf die Uhr und schützte einen Termin vor.

Zu Hause hängte ich die Leine an die Garderobe und legte das – gottlob unbenützte – rote Säckchen daneben. Am Abend ging wieder meine Frau mit dem Hund.

MEIN FEIND, DAS FLUSENSIEB

Du bist mein Held

Ich bin das Zerrbild eines Handwerkers – habe ich das schon erwähnt? Als Kind hatte ich einmal unabsichtlich einen Teller fallen lassen. Seit damals hieß es in meiner Familie: „Der Gotti hat zwei linke Hände." Heute noch glaubt mir meine Mutter nicht, dass ich auf Kephalonia den defekten rechten Hinterreifen eines Leihautos einwandfrei gewechselt habe. Meine Frau, die auch nicht allzu großes Vertrauen in meine handwerklichen Fähigkeiten besaß, feierte mich überschwänglich: „Du bist mein Held", sagte sie und sah mir dabei tief in die Augen. Das ist lange her.

Manchmal braucht es nicht viel, um dem Leben eine neue Richtung zu geben. Es sind oft kleine Dinge, die eine große Wirkung erzielen. In meinem Fall war es der verstopfte Abfluss in unserer Küche vor drei Jahren. Damals kam ein promovierter Jurist, der sich vom geheimnisvollen Innenleben einer Wasserleitung mehr versprach als von Akten in einem Amtsgebäude, und legte sie mit Hilfe eines Spezial-Staubsaugers frei.

Nun bin ich nicht jemand, der sich an Dübeln, Fliesenschneidern oder Betonbohrmaschinen berauschen kann. Aber von diesem Gerät war ich auf der Stelle so fasziniert, dass ich es mir anderntags in einem Baumarkt besorgte. Seither lag es originalverpackt in unserer Fahrradgarage. Bis letzten Mittwoch.

Das Wasser stand drohend in der Abwasch. Gemeinsam mit zwei meiner Söhne und dem Staubsauger machte ich mich ans Werk. Klemens hielt mit beiden Daumen die Löcher für das Überlaufwasser zu, während ich mit dem linken Ellbogen den Stöpsel des linken Beckens arretierte und auf die Abflussöffnung des rechten mit aller Kraft das Rohr des Gerätes drückte. Jakob betätigte die Ein-Aus-Taste.

Schon nach wenigen Versuchen hörten wir ein furchtbares, donnerartiges Geräusch. So muss der Kyklop Polyphem aufgeschrien haben, als Odysseus ihm den brennenden Baumstamm ins Auge bohrte. Dann Stille. Ich drehte das Wasser auf, das sogleich silberhell plätschernd abrann.

Als Astrid heimkam, stand ich in der Küche, neben mir der Wundersauger. Ungläubig starrte sie eine Zeitlang in die leere Abwasch. Dann sah sie mir tief in die Augen. Genauso wie damals auf Kephalonia.

DIE MÜHEN DES BANALEN

Gegensätze ziehen sich an, heißt es im Volksmund. In unserem Fall stimmt es: Meine Frau und ich denken in vielen Dingen des Alltags sehr unterschiedlich. Astrid ist ein Mensch, der immer gerne alles erledigt. Auf der Stelle. Sofort. Die munteren Müllmänner kann sie gar nicht erwarten – deshalb steht manchmal unsere Mülltonne schon einen Tag vor dem Abholtermin vor der Gartentüre. Täglich schreibt sie To-do-Listen und hakt jeden Punkt ab.

Wenn sie mit einem Stoß Schularbeitenhefte nach Hause kommt, beginnt sie umgehend mit dem Korrigieren, damit sie sie am nächsten Tag wieder zurückgeben kann. Es kann spät werden, aber sie geht nicht ins Bett, ehe sie fertig geworden ist. Ich hingegen habe nie Schularbeiten in der nächsten Stunde zurückgegeben. Sie lagen meistens eine Woche drohend auf meinem Schreibtisch.

Oft sind es ganz unscheinbare Dinge, die einem den Alltag beschwerlich machen. Vor mehr als einem Jahr habe ich mir via Versandkatalog eine Jeans gekauft. Sie ist mir etwas zu lange und ich müsste zur Änderungsschneiderin gehen. Ihr Geschäft ist vierhundert Meter von unserem Haus entfernt. Jeden Tag fahre ich mehrmals daran vorbei – aber die Hose hängt bis heute unberührt in meinem Kasten. (Leider kann mir Astrid in diesem Punkt nicht helfen.)

Wenn es darum geht, die Mühen des Banalen zu scheuen und Sachen aufzuschieben, sind meine Söhne ganz nach mir. Unlängst wurde die Glühbirne im Keller kaputt. Jakob und Klemens schlurften fortan im Dunkeln über die Stiegen oder leuchteten sich mit ihren Handys den Weg zur Waschmaschine, wo sie ihre Schmutzwäsche ablegten. Sieben Tagen ging das so, keiner von beiden warf die Nerven weg und wechselte die Birne.

Dann kam meine Frau von ihrer einwöchigen Schulveranstaltung aus Rom zurück. Ihr erster Weg war in den Keller zur Waschmaschine. Bevor sie die erste von insgesamt zwölf Trommeln befüllte, tauschte sie die defekte Glühbirne gegen eine neue. Schweigend und abgeklärt.

Manchmal denke ich darüber nach, wie Astrid es mit uns so gut aushalten kann. Psychologen wüssten wahrscheinlich eine schlüssige Antwort, ich habe nur eine Erklärung: Ich glaube, sie liebt uns.

Mein Feind, das Flusensieb

Seit ich im Ruhestand bin, fand zwischen meiner Frau und mir ein Rollentausch statt. Früher, als die Kinder noch klein waren, blieb Astrid bei ihnen zuhause und ich radelte in die Schule. Jetzt sind die Kinder groß, nur noch vier, die jüngsten, wohnen bei uns sowie Erfan (ein Flüchtling aus Teheran), und Astrid fährt in die Schule.

Ein richtiger Hausmann bin ich nicht geworden, dafür mache ich zu wenig. (Leider verursacht das

Geräusch des Staubsaugers bei mir wie bei meinen Kindern nach wie vor leichte Übelkeit.) Dennoch bin ich für ein paar wichtige Aufgaben im Haus zuständig, zum Beispiel fürs Kochen. (Dazu ein andermal mehr!) Auch muss ich täglich die Wäsche aufhängen und Vorsorge treffen, dass der Kübel mit dem Überlaufwasser aus dem Boiler nicht übergeht. Ich hänge gerne die Wäsche auf, seit Astrid mir gesagt hat, dass niemand anderer die Ecken der Leintücher so gewissenhaft ausdreht und die Tischdecken so ordentlich spannt.

Nun würde ich mir auch zutrauen die Trommel der Waschmaschine zu befüllen, Waschpulver und Weichspüler beizugeben und das richtige Programm zu wählen. Rätselhafter Weise will mich Astrid nicht in die Geheimnisse des Wäschewaschens einweihen. Vielleicht hängt das damit zusammen, dass sie viele Jahre lang eine Hassliebe mit einem Gerät einer slowenischen Marke verband. Sie funktionierte nur, wenn man an der richtigen Stelle gegen sie trat oder mit den Fäusten auf sie trommelte. Aber wenn sie sich einmal drehte, tat sie das wie der Viertakter eines alten Traktors: laut und mit Urgewalt. So robust der Motor dieser Waschmaschine war, so schwach war sein Flusensieb. Immer wieder war es verstopft. Dann schraubte Astrid es mit geschickten Fingern aus der Windung, um es zu reinigen. Eines Tages saß das Flusensieb so fest, dass es sich nicht mehr drehen ließ und meine Frau es mir überließ. Ich rückte ihm mit einer Flachzange zu Leibe. Kurz knirschte es, dann war das Problem gelöst. Das Flusensieb war heraußen, ließ sich allerdings nicht mehr wieder hineinschrauben – ich hatte die Windung zerstört.

Seit ein paar Wochen steht eine neue Waschmaschine im Keller. Ich darf mich ihr nähern, sie aber nicht berühren. Astrid kann verdammt konsequent sein.

FLUTSCH-FINGER AUS LIMETTE

Zu meinen süßesten, aber mitunter pickigsten Kindheitserinnerungen gehört Speiseeis. Am besten war das Zitronen-, Schokolade- und Vanilleeis, das meine Mutter mit großer Meisterschaft selbst zubereitete und im Kühlfach unseres Eiskastens gefrieren ließ.

Ganz anders schmeckte das Produkt, das heute als Softeis bezeichnet wird. Aus großen Automaten wurde dabei eine wahlweise rot-weiße oder braun-gelbe Masse in gewellt-konischer Form auf ein Stanitzel gesetzt, die an dieser meist noch vor Abschluss des Kaufhandels herabzurinnen pflegte.

So manche Waschmittelreklame nahm sich des sich daraus ergebenden Problems an und zeigte eine zunächst über ein komplett versautes Leibchen telegen verärgerte Mutter und Hausfrau, deren Miene aber angesichts des nach Einsatz des Zaubermittels wieder blütenweißen Kleidungsstücks ihres Sprösslings zufrieden strahlte.

Unter den industriell produzierten Gefrorenenspezialitäten sind mir vor allem ein pink – gelb – brauner Lutscher im Gedächtnis, der nach Abnagen der Schokoladekuvertüre die Sorten Himbeere und Ananas erahnen ließ, sowie ein orange-grüner Zwilling, den es mit sachkundigem genau mittigem Knicken in zwei Hälften zu teilen galt, damit die jeweils weniger beliebte Sorte im engeren Familienkreis getauscht werden konnte. Dankenswerterweise nahm mir meine jüngere Schwester regelmäßig das Hölzchen mit dem Birneneis ab, sodass ich zwei mit Orangengeschmack hatte. Unter unseren Kindern gibt es übrigens eine klare Mehrheit für die giftgrüne Hälfte.

Als wir jüngst Dominiks Namenstag feierten, rief Astrid, ratlos vor dem schier unüberschaubaren Angebot der Vitrine im Supermarkt stehend, unseren Ältesten kurzerhand an, um ihn nach seinen Wünschen zu befragen.

Er müsse erst den kleinen Daniel fertig füttern, dann werde er darüber nachdenken und ein SMS schicken.

Dieses kam, während sich meine Frau an der

Wursttheke anstellte: „Am liebsten Flutsch-Finger oder Max Music Tornado. Und vielleicht eine Packung Cornetto Classic."

Von den Flutsch-Fingern sind noch sieben im Gefrierfach, die Cornetti schon lange alle weg. Oft sind Klassiker modischen Neuheiten überlegen. Nicht nur beim Eis.

Von Pfannen und Töpfen

Es ist schon sehr lange her, da hielt ich mich wöchentlich viele Stunden in Sportgeschäften auf. Prüfte Steifigkeit und Taillierung von Schiern, wog Tennisschläger in der Hand, um festzustellen, ob sie kopflastig waren. Am liebsten schaute ich bei den Regalen mit den Fußballschuhen vorbei. Leider gab es in den 60er und 70er Jahren noch nicht die wunderbare Auswahl an bunten Kickpackln wie heute. Es war die Zeit, in der ich diese drei Sportarten vereinsmäßig ausübte – allerdings mit äußerst überschaubaren Erfolgen. Wenn die anderen schon sportlich (viel) besser waren, dachte ich, musste ich ihnen zumindest materialmäßig Paroli bieten können.

Fast ein halbes Jahrhundert ist seit damals vergangen, meine sportliche Karriere längst zu Ende und das Interesse an gut sortierten Sporthandlungen gänzlich verschwunden. Seit ich in Pension bin und für meine Familie koche, beobachte ich an mir eine Neigung, die nicht ganz unbedenklich ist: Ich liebe Kochtöpfe und Pfannen. Immer wieder suche ich die Haushaltsabteilungen von Möbeldiskontern auf und kaufe ein. Vieles liegt noch originalverpackt unter meinem Bett: eine riesige Wok-Pfanne zum Beispiel oder eine gußeiserne Grillpfanne, die so schwer ist, dass ich sie mit einer Hand nicht aufheben kann. (Die andere ist auf Grund einer langwierigen Schleimbeutelentzündung außer Gefecht).

Diese Grillpfanne war nicht einmal ein Sonderangebot, sie war sauteuer, aber ich musste sie haben, weil ich das Gemüse, in Streifen geschnitten, so haben wollte, wie es auf Fotos immer so appetitlich aussieht.

Meine Kinder registrieren mit einem gewissen Befremden meine Leidenschaft für Küchengeräte, haben aber auch Verständnis für mich. So wollte Sophie, die vor wenigen Tagen in Wien in ein Studentenheim eingezogen ist, nur zwei Messer von meinem siebenteiligen zu 100 % Bio-Eco-Natural-Knife-Set, einen Topf und eine Pfanne haben. Dennoch war es nicht einfach für mich, mich von dem cremefarbenen Keramiktopf zu trennen. Gott sei Dank wollte meine Tochter den schwarzen Stabmixer und nicht den grünen mit Turbofunktion mitnehmen. Den hätte ich – bei aller Vaterliebe – nicht gerne hergegeben.

Eine Glatze beim Friseur

Leserinnen und Leser in meinem Alter erinnern sich vielleicht noch an die kleinformatige Schokolade der Marke Bensdorp. Es gab sie mit blauer (Vollmilch) und grüner (Haselnuss) Ummantelung, sie kostete einen Schilling (für alle Jüngeren: umgerechnet ca. 7 Cent). Es ging das Gerücht, dass man einen Riegel geschenkt bekam, wenn man hundert Schokoladehüllen in einem frankierten Kuvert an die Firma einschickte.

(Da meine Hüllen üblicherweise zerknüllt in meinen Hosentaschen vergammelten, gelang es mir zeit meiner Kindheit leider nicht, den Wahrheitsgehalt dieses werbeträchtigen Versprechens zu überprüfen.)

Seit ein befreundetes Ehepaar bei einer ähnlichen Sammelaktion einer steirischen Molkerei tatsächlich einen Kleinwagen gewonnen hat, beteiligt sich Antonia unverdrossen an jeder derartigen Ausschreibung und schneidet aus dem Milchpackerl sorgfältig die freundlich grinsende Kuh aus. Bislang hat sich das aufgewendete Porto nicht gerechnet.

Auch diverse Tombolagewinne auf Maturabällen fielen bescheiden aus. Der brauchbarste war noch ein Säckchen gemischter Kleinbäckereien, die zum Großteil als Auftragsarbeit des hauseigenen Maturanten von meiner Frau angefertigt worden waren.

Meine Fußballersöhne sind seit vielen Jahren dazu angehalten, ein nicht unbeträchtliches Kontingent an Losen für das Herbstfest des jeweiligen Sponsors zu verkaufen. Auch dabei hatten wir bis vor kurzem kein Glück. Am vergangenen Wochenende freilich hat Fortuna ihr üppiges Füllhorn verschwenderisch über unserer Familie ausgeschüttet. Meine vegetarisch lebende Schwägerin gewann einen riesigen Geschenkkorb mit einheimischen bäuerlichen Produkten: Geselchtem, Bauernwürsteln, Grammelschmalz und Verhackert.

Jakob war bei seinem Opapa vorstellig geworden, der ihm gleich fünf Lose abkaufte. Sein Einsatz sollte sich lohnen. Der Preis war ein Haarschnitt inklusive Haarwäsche und Haarkur in einem südsteirischen Frisiersalon.

Da mein Schwiegervater den überwiegenden Teil seines Haupthaares schon länger eingebüßt hat, wird er seinen Preis familienintern zur Disposition stellen.

Von diesen Erfolgen beflügelt, werden wir jedenfalls weiterhin Milch trinken.

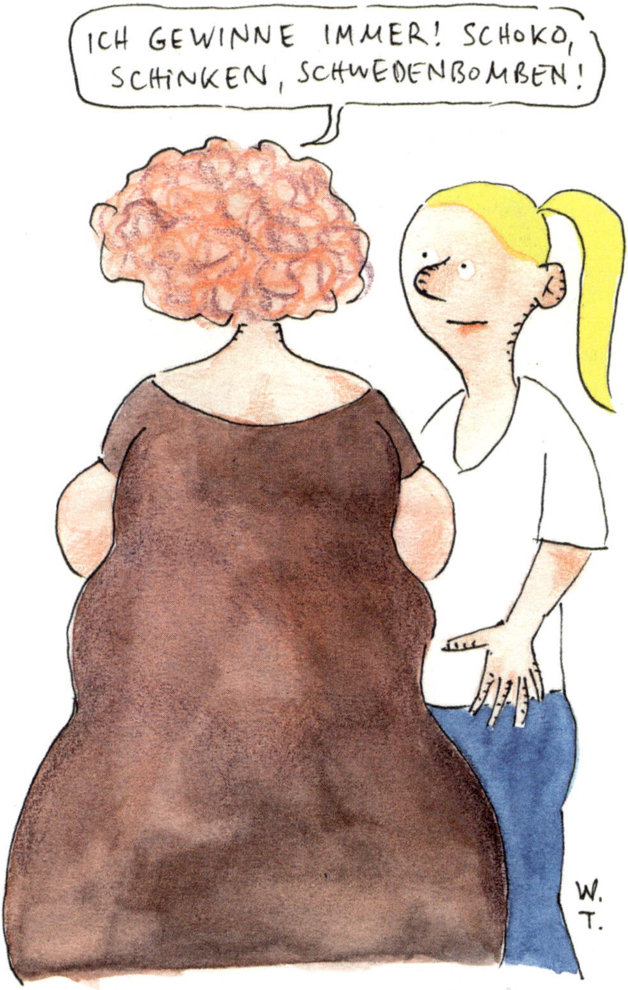
ICH GEWINNE IMMER! SCHOKO, SCHINKEN, SCHWEDENBOMBEN!
W. T.

NIE MEHR SCHULE

Mit Nadel und Lötkolben

Zu meiner Schulzeit wurden wir im Werkunterricht über die Jahre hinweg säuberlich zweigeteilt. Während die Mädchen mit Wolle, Nadeln und Stoffen beschäftigt waren, versuchten wir Burschen uns an Holz, Metall und anderen männlich konnotierten Werkstoffen.

Da ich aber weder handwerkliche Begabungen weiterzugeben noch als Vorbild zu fungieren vermochte, wenn es galt, die üblichen Reparaturen im Haus durchzuführen, hat sich der Fluch der zwei linken Hände geradezu vollständig auf die nächste Generation ausgebreitet. Lediglich Antonia durchbricht die Familientradition und rückt bei Bedarf mit ihrem 120teiligen Aluminiumkoffer an, um Haken einzudübeln, die neue Stellage für meine Kochbücher zusammenzubauen oder den alten Holztisch abzuschleifen.

Der Handarbeitsunterricht meiner Kinder gliederte sich in textiles und technisches Werken. Mädchen und Buben hatten denselben Lehrplan. Mir sind noch die jährlich wachsenden Stöße gehäkelter Topflappen vor Augen – und Annas temperamentvoller Tobsuchtsanfall, als sie auf einer Rundnadel ein wenigstens annäherungsweise sockenähnliches Gebilde herstellen sollte. Sie hielt sowohl Wollarbeiten als auch den Umgang mit einem Lötkolben für unnötig: „Schau, Papa, du lebst ja auch gut und kannst weder häkeln noch sonst was!"

Einmal aber war die Fertigkeit mit – wenn auch bleistiftdicken – Stricknadeln umzugehen für eines unserer Kinder wichtig. Als Dominik im Volksschulalter wegen eines schweren Asthmaanfalls im Krankenhaus liegen musste, tagelang kein Mutter-Kind-Zimmer frei war und er verzweifelt auf Besuch wartete, vertrieb er sich die für ihn schier unendlich lange Zeit der Trennung von seiner Familie, indem er Uromamas Wollreste zu einem langen Schal verstrickte. Als er endlich nach Hause durfte, kettelte seine Mutter die letzte Nadel des fast zwei Meter langen Schals ab und trug ihn bereits auf der Heimfahrt.

Astrid freilich hätte einen praktischen Ergänzungsvorschlag für den Lehrplan des Werkunterrichts. Ihrer Meinung nach sollten junge Menschen nach der Erfüllung ihrer Schulpflicht im Stande sein, eigenständig einen Knopf anzunähen. Und zwar Burschen wie Mädchen.

Wg – Ggd – Ag – Wmg

In der Jugendsprache glaube ich mich ein wenig auszukennen, auch wenn ich nicht immer am Puls der Zeit bin. Ich weiß z. B., dass das Eigenschaftswort „geil", das vielleicht am häufigsten verwendete Vokabel vieler 12–18-jähriger, sich vom mittelhochdeutschen „gilus" (= gut gelaunt, fröhlich) ableitet, seit dem 20. Jahrhundert jedoch eine erotische Bedeutung hat. In der Jugendsprache hat es jedoch wieder eine Bedeutungsänderung im Sinne von „sehr gut, wunderbar, hervorragend" gemacht, die auch im Österreichischen Wörterbuch ihre Erwähnung findet: Der Pulli ist geil (besonders schön, toll).

Mir ist also klar, in welchem Sinne meine Söhne dieses Adjektiv verwenden. Dennoch bin ich immer noch überrascht, wenn einer sagt: „Die Geo-Professorin ist voll geil."

Auch das lateinische Nomen horror = 1. Schauder, Schrecken; 2. Ehrfurcht heißt in der Jugendsprache einfach „Abneigung". „Jeden Tag mit dieser Tussi (ÖWB: „alberne, unsympathische Frau") in der Bim zu fahren, das muss echt der totale Horror sein."

Unlängst sollten die Schüler meiner 2. Klasse als Aufgabe einen kurzen Dialog zwischen zwei Freundinnen verfassen. Ein lustiges, einfallsreiches und intelligentes Mädchen schrieb: Wg – Ggd – Ag – Wmg – Nd – An – Mif – Ma – Lw – HDGDL – Ida – BFF – BFF – Bb – Bm – Gn8 – Tnx.

Ich zeigte den Text, der ein wenig an die Lautgedichte eines Ernst Jandl gemahnt, meiner jüngsten Tochter und sagte: „Ist das eine Geheimsprache

– oder was? Ich komm nicht dahinter." Sophie sah mich milde lächelnd an: „Das sind ganz normale SMS-Abkürzungen, die jeder kennt – außer dir. Der Dialog lautet: Wie geht's? – Ganz gut, dir? - Auch gut. – Was machst du gerade? – Nichts, du? – Auch nichts. – Mir ist fad. – Mir auch. – Langweilig! – Hab dich ganz doll lieb. – Ich dich auch. – Beste Freunde forever. – Beste Freunde forever. – Bis bald. – Bis morgen. – Gute Nacht. – Thanks:"

Der Text, finde ich, ist eigentlich ohnehin ganz logisch und darüber hinaus literarisch durchaus anspruchsvoll. Er spiegelt nämlich das Lebensgefühl mancher Jugendlicher wider. Aus der Langeweile, sagen manche Psychologen, entstehen immerhin oft geniale Ideen.

DIE ENTEIGNUNG DER KINDHEIT

Würde man unter Schülern eine Umfrage machen, ob sie für oder gegen die Ganztagsschule sind, gäbe es eine klare Mehrheit dagegen. Aber wie soft werden Kinder nicht gefragt, was sie eigentlich wollen.

Die Enteignung der Kindheit, die oft schon wenige Wochen nach der Geburt mit dem Eintritt in die Krippe beginnt, wird vorangetrieben. Die Schule verwaltet die Kindheit, hat sie fest im Griff. Und die Experten gaukeln der Öffentlichkeit vor, wie lustig alles wird: der unselige 50-Minuten-Takt der Schulstunde werde abgelöst durch einen harmonischen Wechsel von Arbeits- und Spielzeiten, und zu lernen gäbe es zu Hause natürlich nichts mehr. Was bleibt: Kinder müssen unausgeschlafen frühmorgens los und kommen spätnachmittags ausgelaugt nach Hause. Sie erleben die Familie nicht mehr als Rückzugsort, in dem sie sich sicher und geborgen fühlen, sondern als unruhigen Rastplatz, der nach dem Abendessen wieder verlassen wird: In ihren eigenen vier Wänden tauchen Kinder in die schaurig-schöne Welt des Internets ein, von der ihre Eltern oft keine Kenntnis haben.

Mit dem Ausbau der Ganztagsschule gelingt dem Staat ein wesentlicher Zugriff auf die wenige Freizeit, die Kinder noch selbst gestalten können. Die Institution macht es möglich, dass sie schon früh mit dem Rhythmus der Erwerbsgesellschaft abgerichtet werden, in den ihre Eltern schon voll eingespannt sind. Schule ist wertvoll und unverzichtbar, aber quasi in homöopathischen Dosen. Was gegenwärtig geschieht, wird zur Überdosis im Sinne des Paracelsus, wodurch die Medizin zum Gift wird.

Im Hinblick auf zur Zeit vorherrschende Lebensweisen ist die Ganztagsschule eine Notwendigkeit. Aber es müsste verhindert werden, dass diese zur Pflicht auch für jene Kinder wird, für die sie nicht das kleinere, sondern das größere Übel bedeutet.

Es wäre eine fehlgesteuerte Egalisierungspolitik, um der Gleichheit willen es für viele schlechter zu machen.

Also: vormittags Unterricht, aber nachmittags nur nach Wunsch echte Betreuung. Und nicht ersticken im Reglementierten und in der Indoktrination. Kinder sollten nach wie vor die Möglichkeit haben, ihre Großeltern zu besuchen oder mit Spielkameraden die Welt zu erkunden oder auch nur dazuliegen und nichts zu tun. Heutige Kinder haben unglaublich viel Stress, daher rühren viele Probleme.

Alles was kleine Menschen zu ihrer Entwicklung brauchen: Muße, Zeit für Freundschaften, Langeweile werden dem Diktat des Wettbewerbs und der Beschleunigung geopfert.

Wie wollen wir leben? Unbegrenzt flexibel, ständig verfügbar - in einer Gesellschaft, in der Profit, Geld und Karriere alles ist? Im Schicksal der Kinder und der Familie spiegelt sich die Zukunft der Welt wider.

Wenn man allein im Ausbau von ganztägigen Kinderbetreuungseinrichtungen die Lösung sucht, so gewinnt die Berufssphäre noch stärker an Bedeutung - und das Familienleben wird weiter ausgedünnt.

Was Väter und Mütter vor allem brauchen? Mehr Familienzeit. Mehr Zeit für ihre Kinder.

DAS LETZTE SCHULSCHLUSSFEST

Gestern haben wir das letzte Schulschlussfest gefeiert. Nach einem Vierteljahrhundert hat diese traditionsreiche Veranstaltung ihre Grundlage verloren: Alle Enkelkinder meines Schwiegervaters haben ihre Schulzeit hinter sich gebracht.

Wieder waren (fast) alle da. Lediglich Klemens, der in Haifa ein Footvolleyballturnier bestritt, hat gefehlt, da er entgegen allen Erwartungen bis ins Finale kam.

Manches hat sich im Lauf dieser Zeit geändert. Während lange Jahre mein Schwager am Grill zugange war, steht jetzt dessen Sohn sachkundig am Rost.

Besonders rührend war die Verteilung des großelterlichen „Zeugniskuverts", das Banknoten in der Währung des jeweiligen Urlaubslandes enthielt. So trainierten unsere Kinder dank des Lira-Kurses zwanglos das 1 x 7, da 1000 Lire einem Gegenwert von 7 Schilling entsprachen, während unser Neffe und seine Schwestern im Nu die griechischen Buchstaben beherrschten und den Wert ihrer Scheine an Perikles, Athene und dem Diskuswerfer erkannten. Zur Entgegennahme der großzügigen Gabe bildete die Enkelschar eine Schlange, wobei sich die Kinder familienübergreifend genau dem Alter nach anstellten. Ohne Ansehen von Noten erhielten die Enkel mit den ausgezeichneten Zeugnissen dasselbe wie diejenigen, die es gerade so halbwegs geschafft hatten. Damals beugten sich die Großeltern liebevoll zu den Kleinen hinunter, um ihnen über den Kopf zu streicheln und ihren Kuss zu empfangen, heute gibt es kaum mehr eine Enkelin, die nicht wenigstens auf Augenhöhe mit Opapa steht.

Zuhause packten unsere Kinder das Kuvert umgehend in den um den Hals getragenen Urlaubsgeldbeutel, ihren treuen Begleiter in Lunapark, Spielzeugkiosk und Eisgeschäft. Schon damals war klar zu erkennen, wer sein Geld regelmäßig bereits in der ersten Urlaubswoche ausgab (und die restliche Zeit von einem sparsameren Bruder mitfinanziert wurde), und wer sein Hab und Gut nicht nur zusammenhielt, sondern z.B. durch den geschickten Verkauf selbst gesammelter Pignoli – unser Campingplatz lag in einem Pinienhain – vermehrte.

Heuer wird wohl Klemens das eine oder andere Eis finanzieren. Das israelische Preisgeld war jedenfalls großzügig genug.

Nie mehr Schule!

Nach mehr als einem Vierteljahrhundert wird am heurigen Schulbeginn erstmals keines unserer Kinder seinen Schulranzen packen, sein Jausenpackerl ausfassen, eher mürrisch beim (viel zu früh stattfindenden) Frühstück sitzen, im letzten Moment zur Haltestelle sprinten.

Erstmals ist der traditionelle Großeinkauf in der Papierhandlung ausgeblieben, von meiner Frau und unseren Töchtern mit Begeisterung getätigt, von den Söhnen mehrheitlich belächelt. Die Ausgabe der jährlich zu erneuernden Grundausstattung erfolgte generalstabsmäßig. Auf dem großen Esstisch waren pro Schulkind – unser Höchststand waren acht gleichzeitig - Blei-, Bunt- und Filzstifte, Radiergummis, Tintenkiller, Lineale, Tintenpatronen, Namensetiketten und Uhustics angeordnet, dazu kamen die individuellen Listen für Hefte, Mappen, Zwischenblätter, Zirkelminen, Taschenrechner, Zeichenbedarf etc.

Wer die Volksschule beendet hatte, erhielt einen neuen Schulrucksack ohne Aufdruck einschlägiger geschlechtstypischer Comic-, Märchen- oder Heldenfiguren sowie ein Füllfeder-Kugelschreiber-Minenstiftset mit eingraviertem Namen. (Unsere Älteste, die vor zehn Jahren maturiert hat, verwendet ihres heute noch, während sich ihre Brüder nicht daran erinnern, jemals eines besessen zu haben.)

Auf diesem Tisch fand dann der familieneigene Lernzirkel statt, dessen Mitglieder einander gern mit kleinen Tipps durch den Schulalltag halfen („Stell dein Heft hochkant, dann tust dir leichter, die blöden Bogerln zu schreiben.").

Besondere Mühe gab sich Astrid bei der Befüllung der Schultüten für den jeweiligen Taferlklassler. Nun stehen sie, relativ sperrig und stark verstaubend, in unserer Fahrradgarage – mit Ausnahme von Dominiks riesigem Pumuckl, den seine Mutter ihm anlässlich seines ersten Schultags als Lehrer nostalgisch befüllt überreichte.

Manche unserer Kinder (und ich!) sind froh, andere (und meine Frau) ein wenig wehmütig, dass sie ihre Schulzeit hinter sich gelassen haben.

Auch für uns Eltern ist ein Abschnitt zu Ende. Aber in vier Jahren bekommt ja unser erster Enkel seine Schultüte. Astrid sucht inzwischen schon einmal nach einem Kinderportemonnaie in Löwenform.

DIE ZWEI WÖLFE

Liebe Sophie, du hattest gerade mit der Schule begonnen, als ich dir eines Abends die Geschichte „Die zwei Wölfe" vorgelesen habe. Darin erzählt ein alter Indianer seinem Enkel von zwei Wölfen, die in jedem Herzen leben.

Der eine steht für Dunkelheit, Angst, Misstrauen und Verzweiflung. Er bringt böse Träume, viel Leid und Schmerz.

Der andere ist der Wolf des Lichts, der Lebensfreude und der Liebe. Er lässt dich gut träumen, schenkt dir Mut und Hoffnung und zeigt dir den rechten Weg.

Die beiden Wölfe kämpfen oft miteinander. Sie umkreisen einander und fletschen ihre Zähne. Sie gehen sich gegenseitig an die Kehle, so lange, bis einer der beiden kraftlos zu Boden sinkt. Doch sie können nicht sterben, denn sie sind keine gewöhnlichen Wölfe. Immer wieder, Nacht für Nacht, Tag für Tag, erwachen sie zu neuem Leben. Sie ruhen niemals.

„Welcher Wolf gewinnt?", fragt der Enkel am Ende der Geschichte. „Sag schon!" Worauf der Großvater antwortet: „Der, den du fütterst."

Lange bist du ganz still dagesessen. Dann hast du mit einer leise enttäuschten Wehmut in der Stimme gesagt: „Papa, ich will kein Wolf sein. Auch kein guter. Denn der frisst ja auch das Schaf."

Viele Jahre sind vergangen, du bist kein Kind mehr und keine Schülerin. Du bist herausgetreten aus dem Geführtwerden und machst dich jetzt auf in ein unbekanntes Land, in dem du die Koordinaten selbst ziehen musst.

Du stehst an einer Schnittstelle, wo du die vertraute Welt der Schule verlässt. Viele Wege stehen dir nun offen, nur einer bleibt dir für immer verwehrt – der, den du in den letzten Jahren zurückgelegt hast zusammen mit deinen Freunden und Lehrern. Vergiss nicht: Freundschaft ist ein hohes Gut. Man kann sie nicht erwerben, nicht erkaufen. Sie fällt einem zu. Deshalb musst du gut darauf aufpassen.

Nach dem Sommer, er soll dir nur helle, unbeschwerte Tage bringen, kommt wieder ein Herbst, in dem du viel Neues und Ungewisses erfahren wirst.

Wenn du ein Mal nicht weiter weißt, dann erinnere dich an die Geschichte von den zwei Wölfen. Sie sind deine ständigen Begleiter, sie lassen sich nicht abschütteln. Es kommt nur darauf an, dass du den richtigen fütterst.

Gunnar wartet schon

Seit 1. Oktober wohnt unsere jüngste Tochter im Studentenheim der Veterinärmedizin in Wien. Am schwersten ist es für sie, wenn sie am Abend in ihr Zimmer kommt und niemand da ist.

Ich weiß nicht, wer mehr unter der Trennung leidet: meine Tochter oder meine Frau. Ich vermute, es ist meine Frau. Deshalb nimmt sie jede Gelegenheit zum Anlass, um Sophie zu besuchen.

Wir nehmen immer sehr viel mit: frische Bettwäsche, vegane Schinkenfleckerln oder selbst gemachten Holundersaft. Letztens lag auch ein Adventkalender und ein von Astrid überaus liebevoll gestalteter Tagefresser im Kofferraum. Als große Überraschung verstaute ich einen knöchernen Pferdeschädel auf der Rückbank. Der Pferdeschädel schaute zum Seitenfenster hinaus, was ahnungslose Autofahrer mit Kopfschütteln quittierten.

Sophie freute sich über alle Mitbringsel, besonders über den Tierschädel. „Ist der lässig, den muss ich gleich Jana und Jule zeigen", sagte sie und machte mit ihrem Handy einige Selfies, die sie an ihre Freundinnen, die mit ihr zusammen studieren, verschickte. Sekunden später dann die Kommentare. Jana: „Ooooohgott ist das geil! Ich bin sau neidisch!" Jule: „Ein Traaaauuuuum! Richtig richtig cool, Sophie! Wir müssen ihm einen Namen geben." Jana: „Lörres." Jule: „Lörres?" Jana: „Herbert wär auch oke." Sophie: „Herbert heißt aber ein Kater meiner Tante, die mir den Kopf geschickt hat. Herbert geht also gar nicht." Schließlich einigten sich die jungen Damen auf Gunnar.

Die erste große Hürde im ersten Semester ist die Anatomieprüfung. Sophie muss alle Knochen von sehr vielen Tieren zuordnen und benennen können. Deshalb verbringt sie jede freie Minute in der Knochenkammer, in der oft sehr viele Studenten sind. Die Vitrinen mit den Tierskeletten werden regelrecht belagert.

Sophies Zimmer ist nicht groß (18 m2), bietet aber alles, was man braucht: eine Nasszelle, einen Herd, einen Eiskasten und einen riesigen Schreibtisch. Fernsehapparat hat Sophie keinen, sie vermisst ihn auch nicht, dafür seit einer Woche eine eigene Knochenkammer.

Und wenn sie von der Vorlesung heimkommt, ist sie auch nicht mehr allein. Schließlich wartet schon Gunnar auf sie.

DIE HELLEN TAGE DES SOMMERS

Der Abschied von den Kindern ist selten dramatisch - und doch tut er weh. Er gleicht den Abenden im Spätsommer am Meer. Man blickt hinaus aufs Meer, die Sonne scheint ganz langsam zu sinken. Und als sie weg ist, ganz plötzlich, ist man überrascht, so schnell ist sie am Horizont verschwunden.

Heuer waren wieder alle Kinder mit im Urlaub, wie in all den Jahren zuvor. Nur der Älteste fehlte, ihn zog es noch einmal in die Ferne, nach New Orleans, wo er mit seiner Frau ein Jahr leben und arbeiten wird.

Es waren schöne Tage, die wir Eltern noch lange erleben wollen, auch wenn es - vor allem für die Mutter, die für ein gutes Dutzend aufgekocht hat wie in einem Fünf-Sterne-Hotel - kein wirklicher

Urlaub war. Freilich: Verglichen mit jenen Jahren, als die Kinder noch klein waren, waren die Anstrengungen gering. Mit welcher Unruhe verfolgten wir ihre ersten Schwimmversuche! Wenn sie am Strand ihre Sandburgen bauten und zum Meer liefen, um mit ihren Küberln Wasser zu schöpfen, mussten sie immer neongelbe Kappen tragen. Die waren nicht zu übersehen. Unablässig verfolgten wir jeden ihrer Schritte. Wehe, wenn ein Kind nicht zu sehen war. Da lief ich panisch von einem Sonnenschirm zum nächsten, laut seinen Namen rufend. Und wie erleichtert war ich, als ich dann mein kleines Mädchen hinter einem Tretboot entdeckte, wie es stolz seine Muscheln zählte.

Heute sammelt keines unserer Kinder mehr Muscheln oder baut eine Sandburg. Und auch die ewige Angst der Eltern, sie würden zu weit ins Tiefe geraten, ist längst ausgestanden. Keine kleine schmutzige Hand schmiegt sich in meine, um mich von meinem Badetuch hochzuziehen. Und kein Kinderstimmchen bettelt mehr: „Papa, bitte ein Eis!"

Manchmal dachte ich vor dem Einschlafen: Nur noch ein paar Jahre, dann werden die Urlaube geruhsamer.

Jetzt sind sie geruhsam. Man trifft sich zu den gemeinsamen Mahlzeiten in der Früh und am Abend, tagsüber ist jeder eine kleine Insel für sich. Der eine döst in der Hängematte vor sich hin, der andere liegt am Strand, die Jüngste versinkt in Noah Gordons Mittelalterroman „Der Medicus".

Ich habe mich in den Schatten eines Eukalyptusbaumes zurückgezogen und lese das wunderbare Buch „Die hellen Tage". Darin erzählt die Autorin Zsuzsa Bánk von der Freundschaft dreier Kinder, von ihrem Erwachsenwerden und Abschiednehmen. Oft lege ich es aus der Hand und sehe zu Astrid hin, wir beide sind allein im Garten geblieben, die anderen sind schon am Strand, und ich denke mir, wie lange wohl noch alle mitfahren und wann wir die letzten Ferien gemeinsam verbringen werden. Der Gedanke beunruhigt mich.

Aber dann tröste ich mich damit, dass irgendwann (hoffentlich bald!) das erste Enkelkind hinter mir im Auto sitzen wird auf der Fahrt in den Süden, und kaum haben wir die Stadtgrenze von Graz passiert, die unvermeidliche Frage kommen wird: „Opapa, wann sind wir endlich da?" Und ich werde die Tage genießen, wenn ich wieder Sandburgen bauen kann, auch wenn das Kreuz noch so zwickt.

... UND AM ENDE
DIE NOTIZEN EINER MUTTER –
ASTRID HOFMANN-WELLENHOF

SCHRITT FÜR SCHRITT

*Kinder laufen fort. Lang her kann's noch
gar nicht sein, /
kamen sie zur Tür herein, /
saßen zwistiglich vereint /
alle um den Tisch. //
Kinder laufen fort. /
Und es ist lange her. /
Schlechtes Zeugnis kommt nicht mehr. /
Stunden Ärgers, Stunden schwer: /
Scharlach, Diphtherie. //
Kinder laufen fort. /
Söhne hangen Weibern an. /
Töchter haben ihren Mann. /
Briefe kommen, dann und wann, /
nur auf einen Sprung. //
Kinder laufen fort. /
Etwas nehmen sie doch mit. /
Wir sind ärmer, sie sind quitt. /
Und die Uhr geht Schritt für Schritt /
um den leeren Tisch.*

Mehr als 80 Jahre ist es her, dass Franz Werfel dieses „Elternlied" geschrieben hat. Und obwohl sein einziger leiblicher Sohn nicht einmal ein Jahr alt wurde, erfasst der Dichter einfühlsam das Gefühl von Eltern, die auf das Großwerden ihrer Kinder nicht ohne Wehmut zurückblicken.

Besonders gut gefällt mir die Wortschöpfung „zwistiglich vereint". In der Tat gibt es außer dem Wieder-gut-Sein nach einem Kinderstreit kaum eine andere Empfindung, die so schnell wie ein Regenbogen nach einem Sommergewitter die dunklen Wolken vergessen lässt.

Als ich jüngst wieder einmal (einige in meiner Familie halten es für eine milde Form zwanghaften Verhaltens) diverse Kellerstellagen umschlichtete, fiel aus einer Erinnerungskiste eine Karte meines ältesten Sohnes zu Boden. In (dem Anlass entsprechend) wunderschöner Schülerhandschrift - die wenigen Schreibfehler hatte er mit Micky-Maus-Pickerln überklebt - hatte er vor 18 Jahren eine Lobeshymne auf seine Mutter verfasst, wie sie persönlicher nicht hätte formuliert sein können.

„Wenn ich einmal keine so gute Note schreibe, schimpfst du mich nicht, sondern tröstest mich. Du weißt, dass ich mich immer bemühe. Obwohl dein Alltag als Hausfrau sicher grau aussieht, bist du fröhlich. Du hast jetzt schon zwölf Muttertage gefeiert. Ich würde sagen, dieser Tag ist ein besonderer, denn mein Taufkind Jakob bringt uns seit dem 10. 2. Freude.

Zu dieser Karte möchte ich dir noch sechs kleine Pflanzen insgesamt im Wert von 40 Schilling übergeben. Viel Glück wünscht dir dein Sohn Dominik"